Cuando el CIELO invade la TIERRA

*el poder
manifiesto
de Dios*

BILL JOHNSON

©2008 Editorial Peniel

Ninguna parte de esta publicación puede
ser reproducida en ninguna forma sin el
permiso escrito de Editorial Peniel.

Las citas bíblicas fueron tomadas de la
Santa Biblia, Nueva Versión Internacional,
a menos que se indique lo contrario.
© Sociedad Bíblica Internacional.

EDITORIAL PENIEL
Boedo 25
Buenos Aires, C1206AAA
Argentina
Tel. 54-11 4981-6178 / 6034
e-mail: info@peniel.com
www.peniel.com

Diseño de cubierta e interior:
ARTE PENIEL • arte@peniel.com

Originally published in the USA by Destiny Image
Shippensburg, PA
under the title
When Heaven Invades Earth
Copyright © 2003 - Bill Johnson
USA

Johnson, Bill
Cuando el cielo invade la Tierra. - 1a ed. - Buenos Aires : Peniel, 2008.
240 p. ; 21x14 cm.
Traducido por: Virginia López
ISBN 10:185-7 ISBN 13: 978-987-557-185-3
1. Vida Cristiana. I. López, Virginia, trad. II. Título
CDD 248.5

Impreso en Colombia / Printed in Colombia

Cuando el **CIELO** invade la **TIERRA**

el poder manifiesto de Dios

BILL JOHNSON

Peniel

BUENOS AIRES - MIAMI - SAN JOSÉ - SANTIAGO

www.peniel.com

Dedicatoria

Dedico este libro a las dos iglesias que he pastoreado: Mountain Chapel, de Weaverville, California, y Bethel Church, de Redding, California. Ambas eligieron una vida de incomodidades, viviendo en continuo riesgo, y estuvieron dispuestas a soportar lo inexplicable para obtener lo inolvidable. Mi deuda con ustedes es mucho mayor de lo que podría pagar. ¡Gracias! ¡Las amo tanto!

Agradecimientos

A mamá y papá: Gracias por creer sinceramente que puedo hacer cualquier cosa.

A Mark Sanders, John Montgomery, Kris Vallotton, Diane Brown y el Dr. Andre Van Mol: Gracias por sus constantes exhortaciones y su aliento para que yo escribiera. ¡Diane, tus ideas fueron muy útiles!

A los ancianos de Mountain Chapel: Gracias por darme espacio para crecer, por alentarme a seguir mi visión… ¡y por comprarme una Mac!

A los colaboradores y ancianos de Bethel Church: Ustedes son mis héroes. Su disposición para pagar el precio del avivamiento preparó el camino para que pudiéramos recoger fruto mucho más allá de lo que jamás hubiéramos soñado. Ustedes son el Equipo de los Sueños.

A Dann Farrelly: Gracias por tu sincera evaluación de lo que escribí y tus incansables esfuerzos por editarlo.

A Guy Chevreau: Gracias por tus espontáneas sugerencias y tu esfuerzo en la edición. ¡Fueron invaluables para mí!

A Bobby y Carolyn Conner: Gracias por permitirme usar la Cabaña del Ángel durante los muchos días que pasé escribiendo.

A Bob y Claudia Perry: Gracias por permitirme usar su Shasta Hilton como refugio para escribir.

A mi esposa Beni: Eres para mí un pedacito del cielo en la Tierra. ¡Gracias!

Bill Johnson es una de las personas más agradables que conozco y, al mismo tiempo, una de las más peligrosas. Es una versión viva y activa de Mateo 6:10: *"... venga tu reino, hágase tu voluntad en la tierra como en el cielo"*. Ese es el clamor que surge de *Cuando el cielo invade la Tierra*. Mientras muchos, en la iglesia, simplemente miran el reloj esperando que llegue el momento de ir al cielo, el desafío de Bill es traer el cielo a la Tierra... ¡ahora mismo! Es un desafío al que debemos responder urgentemente.

Este libro edificará su fe. Es un desafío a todos los creyentes, para que caminen entre señales y prodigios sobrenaturales como una parte normal de la vida cotidiana.

JOHN ARNOTT

Pastor principal de Toronto Airport Christian Fellowship
Autor de *La bendición del Padre*
Fundador y presidente de Partners in Harvest

Cuando el cielo invade la Tierra es revolucionario. Está lleno de fe, de tapa a tapa. Los cristianos comunes comenzarán a ver milagros inusuales en su vida cotidiana cuando pongan en práctica los desafíos que les lanza este libro.

WES CAMPBELL

Cofundador de New Life Church
Autor de *Welcoming a Visitation of the Holy Spirit*

Bill escribe de una forma extraordinaria que inspira, prepara y –lo más importante– imparte gracia para lo sobrenatural. Recomiendo con entusiasmo este extraordinario libro.

CHÉ AHN
Pastor principal de Harvest Rock, Pasadena, California

Este es el libro más inspirador que he leído en mi vida. Es teológicamente sano y tiene profundas implicancias sobre la forma en que un cristiano vive su vida en este mundo. ¡Bill Johnson podría iniciar una reforma con este libro!

STACEY CAMPBELL
Cofundadora de New Life Church y Praying the Bible International

---

Advertencia: El contenido de este libro lo obligará a confrontar sus dudas, incredulidad y enfermedad, y hará explotar su nivel de expectativa de Dios. Muchos libros me han sido de inspiración, pero *Cuando el cielo invade la Tierra* fue un verdadero desafío. Garantizo que este libro hará brotar una fe auténtica en su corazón, y pronto verá los cambios.

JIM W. GOLL
Cofundador de Ministry to the Nations.
Autor de *El arte perdido de la intercesión*, *Arrodillados sobre sus promesas* y *La revolución profética que viene*

Fue realmente edificante, esclarecedor y reconfortante leer el original escrito de Bill Johnson, titulado *Cuando el cielo invade la Tierra*.

En 2 Pedro 1:12, el apóstol afirma: "... *afianzados en la verdad que ahora tienen*". De esto, precisamente, habla el pastor Bill en su libro.

Es "... *la verdad que ahora tienen*" lo que el Espíritu Santo está haciendo en este mismo instante, y lo que el Señor dice hoy, para el momento presente. Muchos libros hablan de Jesús como "El Gran Yo fui", o "El Gran Yo seré". Este dinámico libro se concentra en Jesús como "El Gran Yo Soy".

Desearía haber tenido este material hace cincuenta años, cuando me inicié en el ministerio, pero Ester 4:14 hace referencia a todo esto con la siguiente frase: "... *un momento como éste*". Es pensar en el *aquí y ahora*. Usted se entusiasmará al leer los testimonios de maravillosos milagros que están sucediendo en este tiempo. Es un ejemplo energizante de "... *la verdad que ahora* [tenemos]".

Gracias, pastor Bill Johnson, por derramar su corazón en este libro. *Cuando el cielo invade la Tierra* cumple la promesa de 1 Corintios 1:5: que en todo (incluyendo la lectura de este libro) Dios nos enriquece.

DICK MILLS
Orador internacional
Autor de *God's Word for You* y *Marriage Bliss*

Como mi pastor y amigo, Bill Johnson me ha guiado en la búsqueda del reino de Dios. La pasión de Bill por ver que el reino de Dios se manifieste en la Tierra hoy es altamente contagiosa, y permea cada página de este libro. En mi opinión, *Cuando el cielo invade la Tierra* es una lectura obligada para quienes desean tener un nuevo encuentro con el Dios vivo.

LARRY RANDOLPH
Orador internacional
Autor de *User Friendly Prophecy*

En su libro *Cuando el cielo invade la Tierra*, Bill Johnson muestra a aquellos que están desesperados por algo más en su vida cristiana que todo es posible para quienes viven inmersos en el Espíritu Santo. Este libro es de lectura ineludible para todas las personas que quieran moverse en el ámbito sobrenatural del Espíritu Santo en medio de su vida diaria. ¡El Señor me tocó tan profundamente al leerlo, que mi fe hizo explosión! No podía dejar de leerlo.

Dra. Heidi G. Baker
Directora de Iris Ministries
Coautora de *There's Always Enough*

Este libro presenta una revelación para el ejército de Dios que se dedica a la obra del Reino. Bill Johnson nos muestra que el reino de Dios no es solo un reino futuro, sino la obra del Reino que está a nuestro alcance aquí y ahora.

Cal Pierce
Director de Healing Rooms Ministries
Spokane, Washington

He leído muchos libros sobre sanidad y milagros, pero este tiene más que información sobre sanidades; contiene enseñanzas reveladoras y claves para vivir lo sobrenatural. Creo que este libro presenta verdades ocultas y revelaciones que se publican en estos últimos tiempos… es de lectura indispensable para quienes desean recibir y ministrar un Reino de poder, sanidad, señales y prodigios.

Todd Bentley
Presidente de Fresh Fire Ministries, Orador internacional

Nota del autor:

En los casos en que lo he considerado esencial, he cambiado los nombres de algunas personas mencionadas en este libro para proteger su anonimato.

Índice

Prefacio

CUANDO ME INTERESA leer un nuevo libro, siempre me formulo dos preguntas: ¿Es la vida del autor coherente con el mensaje del libro? ¿Apoya su ministerio las afirmaciones del libro? Si no logro responder afirmativamente ambas preguntas, no leo el libro.

En el caso de *Cuando el cielo invade la Tierra* y de Bill Johnson, yo conocía al autor y su ministerio antes de leer el libro. Por tanto, con las preguntas anteriores ya respondidas afirmativamente, me dediqué con gozo a leer el material.

Comencé a ministrar en Bethel Church, de Redding, California –iglesia que Bill Jonson pastorea– en 2001, pocos meses después de que falleció mi esposa. Había oído varias grabaciones de Bill Johnson en los meses previos a ir a Bethel. En medio de un profundo proceso de duelo por la pérdida de la que fue mi esposa durante más de 47 años, descubrí que, al tiempo que yo ministraba, también era profundamente ministrado. Enseñé en la Escuela de Ministerio Sobrenatural y tomé contacto con un gran grupo de personas que buscaban apasionadamente el reino de Dios. Las reuniones tenían como fin prepararnos para el ministerio del Reino. Después de la reunión, el instructor decía a los alumnos: "Ustedes ya han estudiado el Reino; ahora, ¡vayan y hagan la labor del Reino!". Y lo hacían… en los centros comerciales, en las calles, en las librerías y las cafeterías. Iban esperando resultados, y los obtenían.

Tuve la impresión de que este grupo representaba el espíritu de Bethel Church, como si dijeran: "¡Busquemos el Reino, hallémoslo, declaremos lo que hemos hallado, y démoslo a los demás!".

Cuando regresé a visitar Bethel Church y a Bill Johnson por segunda vez, yo acababa de enterarme de que mi prometida, Jerry, tenía cáncer.

Jerry, que ahora es mi esposa, debía someterse a una cirugía mayor pocos días después de nuestra visita a Bethel Church. En Bethel, dos grupos diferentes de sanidad, así como un colaborador del ministerio y su esposa, se unieron a nosotros en profundos tiempos de oración, cada grupo sin saber lo que el otro hacía o pensaba. La experiencia fue gozosa, inspiradora y edificante, ya que todos coincidieron: "Ella va a vivir, y trabajará con usted en un ministerio más profundo". La cirugía se realizó unos días después, y Jerry es actualmente mi esposa y ministra conmigo, sin rastros del cáncer. Para nosotros, esa experiencia en Bethel fue una demostración de la validez del mensaje de este libro.

La dirección y la perspectiva de este libro son, básicamente: Lo que sucede *cuando el cielo invade la Tierra*. Este libro que usted tiene en sus manos es, literalmente, algo fuera de este mundo. Trata sobre algo invisible, pero más real que los ojos que leen estas palabras. Trata sobre el ámbito eterno, que no ha sido plenamente visto ni expresado, pero está ahora mismo al alcance de cualquier persona o grupo que obedezca la instrucción: "... *busquen primeramente el reino de Dios y su justicia*" (Mateo 6:33).

Me gusta *Cuando el cielo invade la Tierra* y me entusiasma el hecho de que habla de lo que está por caer sobre el ámbito cristiano. Me encanta este libro porque nos señala una verdad primaria en un mundo que vive casi totalmente preocupado por una realidad secundaria. El lector de las Escrituras sabe que ellas definen a la verdad primaria, básicamente, como invisible y eterna, mientras que la realidad secundaria es temporal, es decir, no permanece (vea 2 Corintios 4:18). Las creencias, las enseñanzas y el ministerio de Bill Johnson se concentran en la realidad primaria, la del Reino, y descubren que esa realidad es suficiente para cambiar la faz de "*lo que se ve*".

Me gusta este libro, porque declara sin ruborizarse que la vida y el poder del Reino son parte de la vida cristiana normal. Lo que se explica aquí no es un acontecimiento raro y exótico, que solo puede verse en ocasiones muy infrecuentes; por el contrario, es el pulso mismo de la vida y el ministerio del creyente del Reino.

Me gusta este libro porque incluye la necesidad de arrepentirse o cambiar de mentalidad como requisito previo para ver el Reino y entrar en él. El tema se trata de manera breve, pero profunda, en el capítulo 1 y se lo amplía en el capítulo 3.

Me gusta este libro porque es un llamado a una revolución espiritual que cambie la faz de la Tierra, y muestra cómo una iglesia está cambiando su vecindario, su ciudad y su región... de a una persona por vez.

Me gusta este libro porque presenta claramente la fe práctica (¿acaso hay algún otro tipo de fe?), anclada en lo invisible y desde donde lo invisible da vida a lo visible. Una vez que nos arrepentimos, vemos el Reino y, al verlo, llega la fe. Es el tema que presenta perfectamente el capítulo 4.

Me gusta este libro porque está enmarcado en un ambiente de milagros. Sus primeras páginas relatan un milagro ocurrido en una boda –como el de Jesús en Caná– y las últimas relatan la sanidad de un niño.

Me gusta este libro porque me desafía a orar con la oración del Reino como llave para el poder y medio para que el cielo descienda a la Tierra. Así como el reino de Dios arroja nueva y verdadera luz sobre todas las demás verdades, también lo hace sobre la oración.

Me gusta este libro porque muestra claramente los resultados prácticos y el fruto de las señales y los prodigios. No buscamos esas cosas, pero tenemos la promesa de que señales y prodigios seguirán a los que creen.

Finalmente, me gusta este libro porque me deja con un intenso deseo de conocer mejor a Dios, de tener una comunión más íntima con Él y de ministrar con Él con un poder mayor que nunca antes. Y me hace saltar de alegría, pensando en lo que el futuro guarda para mí, en particular, y para el cuerpo de Cristo en general, en la tarea de compartir a Cristo con el mundo.

Ahora, al leer este libro, lamento un poco que nadie me haya dado algo así hace 55 años, cuando comencé en el ministerio. Pero es un lamento pasajero, porque sé que Dios puede compensar los años perdidos o limitados por la falta de conocimiento sobre estas cosas.

Le recomiendo sin reservas este libro, con una gran expectativa en cuanto a lo que su lectura puede producir en su vida. Léalo lentamente, léalo con atención, y salga a poner en práctica lo que Dios le enseña por medio de él. Creo que la consecuencia será que el cielo invadirá la Tierra... ¡en su propia vida!

JACK R. TAYLOR
Presidente de Dimensions Ministries
Melbourne, Florida

El libro de Bill Johnson, *Cuando el cielo...* contiene un mensaje muy necesario para la iglesia en la actualidad. Desafía muchas de nuestras "vacas sagradas". Como Gedeón, Johnson tuvo que comenzar por destruir los postes con la imagen de la diosa Asera que están en el "patio trasero" de la Iglesia. Es un hombre que tiene la misión de despertar a la Iglesia. Desde la época en que conocí a John Wimber, no me atrapaba tanto la noción de la importancia del mensaje del reino de Dios que puede tener una persona. No conozco a ningún pastor más comprometido con el evangelismo de poder que Bill Johnson. Las historias de las sanidades y los milagros realizados a través de los "pequeños" de su iglesia local son realmente maravillosas. Este libro no trata sobre una posibilidad teórica, ni una teología ilusoria, ni es una justificación para la falta de poder en la iglesia. No; por el contrario, ofrece estrategias prácticas y comprobadas para hacer retroceder a la potestad de las tinieblas y avanzar al reino de la luz. Desearía haber conocido antes en mi vida al pastor Bill Johnson. Creo que hubiera avanzado más en el camino de andar en el poder del reino de Dios de lo que he avanzado hasta ahora.

Cuando el cielo invade la Tierra es una lectura obligada para cada pastor y líder de la iglesia actual. Este libro fue escrito por un pastor –descendiente de cinco generaciones de pastores– desde una perspectiva pentecostal; y qué mejor perspectiva que esta para hablar sobre la obra del Espíritu Santo, en especial, en lo relativo a los dones de sanidad. Tuve el privilegio de conocer a muchos pastores de los Estados Unidos y Canadá en mis últimos nueve años de viajes, y creo que el pastor Bill Johnson tiene más para decir sobre el tema del evangelismo de poder que cualquier otra persona que haya encontrado. Aunque es un pastor de las Asambleas de Dios, y no de la Viña, tiene más del ADN de John Wimber que cualquier otro que yo conozca, especialmente en su pasión por la sanidad y la actividad del Espíritu Santo. Es un pastor radical, un gran maestro y una voz apostólica para la iglesia de hoy. Su mensaje no es el sonido de un eco; es la voz de uno que grita en el desierto: *"Enderecen el camino del Señor"*, que se ha acercado.

Este libro está lleno de declaraciones llenas de poder que yo desearía haber escrito. Pueden tomarse tantas citas maravillosas de este libro... citas como la siguiente: "Una de las tragedias de tener una identidad debilitada es cómo esto afecta nuestra manera de entender *La Biblia*. Muchos, si no la mayoría de los teólogos, cometen el error de tomar todo el 'buen material' que contienen los profetas y barrerlo bajo la misteriosa alfombra llamada 'el Milenio'". [...]. "Estamos tan hundidos en la incredulidad que todo lo que sea contrario a esta visión del mundo [la noción dispensacionalista de una Iglesia débil en los últimos tiempos] es considerado del diablo". Otras grandes citas de este libro son: "La incredulidad está anclada en lo que es visible o razonable fuera de Dios. Honra el ámbito natural como superior al invisible. [...]. La incredulidad es fe en lo inferior". O: *"'La fe viene como resultado de oír...'* No dice que es resultado de 'haber oído'. Es el corazón que presta atención ahora el que está listo para que el cielo deposite en él la fe".

Cuando el cielo invade la Tierra es un toque de diana para la Iglesia. Un golpe mortal al cesacionismo, un desafío al dispensacionalismo y un llamado a que aquellos que tienen el legado pentecostal retornen a sus raíces. El libro está sólidamente basado en *Las Sagradas Escrituras* y revela el corazón de un hombre que no solo ama al Espíritu Santo, sino a la *Palabra de Dios*. Con una revelación nueva, Bill Johnson nos lleva a

La Biblia y permite que ella nos hable una palabra nueva. Nos obliga a ver lo que *La Biblia* dice en realidad, en lugar de ver solo lo que nuestras "teológicamente correctas" anteojeras nos permiten ver.

Hacía tiempo que deseaba que Bill terminara este libro para poder ofrecerlo en la mesa de libros en mis reuniones. Él tiene tanto para decir que nunca me pierdo sus predicaciones cuando ministramos juntos. Son demasiado ricas como para perdérselas. En esta época de tantos principios y estrategias, es refrescante escuchar a alguien que nos llama a regresar a la estrategia de Jesús para el evangelismo.

RANDY CLARK
Global Awakening Ministries
Orador internacional
Autor de *God Can Use Little Ol' Me*

Introducción

HACE UNOS AÑOS, escuché por casualidad una conversación que me conmovió a tal punto que quedé sin palabras. Fue durante el cumpleaños número noventa de mi tío David Morken. Junto con un considerable grupo de familiares, varios colegas suyos del ministerio asistían a la celebración. En su juventud, el tío David había sido solista de Aimee Semple McPherson, antes de partir como misionero a la China y Sumatra. Tiempo después, se convirtió en la mano derecha de Billy Graham. Sus logros son extraordinarios, pero eso es tema para otro comentario.

Hacia el final de la velada, vi a algunos de los santos más ancianos sentados, conversando. Cuando noté que el tema de su conversación era el derramamiento del Espíritu Santo durante el ministerio de Aimee Semple McPherson, no pude evitar prestar atención a lo que decían. Con juvenil entusiasmo, uno de ellos le decía a otro: "Era como si el cielo hubiera bajado a la Tierra". Allí estaban, setenta años después, con los ojos brillantes por el recuerdo de cosas que otros ni siquiera sueñan. Su experiencia se convirtió para mí en la pauta con la cual iba a medir todos los demás días. Fue una transformación.

Mi corazón arde por el mover de Dios que se avecina. Vivo para el avivamiento que se está produciendo, y creo que sobrepasará a todos los anteriores juntos, y que traerá más de mil millones de almas al Reino. Pero, por este único momento, quisiera retroceder un poco en el tiempo.

Como descendiente de cinco generaciones de pastores por parte de mi padre, y cuatro, por parte de mi madre, me crié escuchando hablar de los grandes avivamientos de Dios. Mis abuelos recibieron el ministerio de Smith Wigglesworth y otros notables líderes de avivamientos.

(Recuerdo que el abuelo me decía: "No a todos les gustaba Wigglesworth". Naturalmente, hoy todos lo aman. Israel también amaba a sus profetas después que morían).

El abuelo y la abuela Morken recibieron el bautismo en el Espíritu Santo en 1901 y 1903, respectivamente, y les encantaba hablar de lo que habían visto y vivido. Hace ya más de veinticinco años que están en el cielo. Solo desearía tener otra oportunidad de escuchar sus historias y hacerles las preguntas que nunca les hice cuando era joven. Sería tan importante para mí ahora…

La búsqueda que relato en este libro comenzó en mí hace muchos años. Necesitaba ver el evangelio en la vida, así como lo veía impreso. Para mí, era cuestión de ser fiel a Dios. Pero pronto me di cuenta de que esa búsqueda tenía un alto precio. Cuando buscamos lo que otros dejan de lado, se producen muchos malentendidos.

No podía limitar mis valores y búsquedas a lo que otros preferían para continuar en su comodidad. Estoy cautivado por una promesa; no tengo opción. Pasaré el resto de mi vida explorando lo que podría suceder por medio de la vida de alguien que está dispuesto a cultivar el profundo deseo –dado por Dios– de ver a lo imposible inclinarse ante el nombre de Jesús. Tengo todas las fichas puestas en un solo casillero. No hay plan B. Con tal perspectiva, he escrito este libro.

LA VIDA CRISTIANA NORMAL

> *Es anormal que un cristiano no anhele lo imposible.*
> *El hambre de que las imposibilidades que nos rodean*
> *se sometan ante el nombre de Jesús está escrita*
> *en nuestro ADN.*

Un sábado frío y lluvioso, los autobuses de la iglesia partieron hacia las partes más pobres de nuestra ciudad, Redding, para buscar a los pobres, a los sin techo. La novia y el novio esperaban ansiosos su retorno, ya que habían preparado un banquete en honor de ellos. Los necesitados iban a ser los invitados de lujo a su boda.

Ralph y Colleen se conocieron mientras trabajaban en nuestro ministerio a los pobres. Ambos compartían la pasión por Dios y el amor por los desposeídos. Aunque lo común es que los novios hagan su lista de regalos de boda en un comercio fino, Ralph y Colleen la hicieron en el supermercado Target; y lo que incluyeron en la lista fueron abrigos, sombreros, guantes y bolsas de dormir… para regalar a sus "invitados". Esta no iba a ser una boda común.

En la reunión previa a la boda, los novios insistieron en que yo estuviera atento al mover del Espíritu Santo, en caso de que Él deseara sanar a alguien durante la ceremonia. Si yo recibía una palabra de ciencia para sanidad, debía interrumpir la ceremonia para orar por los enfermos. Como pastor, me entusiasmaba ver qué iba a suceder. Habían creado una expectativa tan grande para esta "oportunidad de milagros" que Dios sin duda haría algo extraordinario.

La ceremonia comenzó. Además de un tiempo prolongado de adoración, seguido de un mensaje evangelístico y una oración por salvación, todo terminó de manera bastante normal.

Es algo inusual ver entre los familiares y amigos de los novios a personas que simplemente han ido allí por la comida. No era que estuviese mal; simplemente, era algo fuera de lo común. Después de la ceremonia, los recién casados fueron directamente al salón donde se haría la fiesta, se situaron tras la mesa y comenzaron a servir la comida a los invitados. La comida fue excelente. Los hambrientos quedaron satisfechos. Dios estaba feliz.

Pero antes que comenzara la boda, dos o tres hermanos vinieron a verme, muy entusiasmados, diciendo: – ¡Aquí hay alguien a quien solo le quedan dos años y medio de vida! Sin duda, habíamos cruzado un límite. Los milagros de sanidad se habían vuelto tan comunes para nosotros, que una enfermedad mortal parecía más un milagro en potencia que algo que causara temor. Eso, en sí mismo, ya es un sueño hecho realidad para mí: ¡que un norteamericano espere algo sobrenatural de Dios!

EL MILAGRO CONTINÚA

Se llamaba Luke. Como la mayoría de la gente de la calle que estaba allí ese día, él y su esposa Jennifer habían venido a la boda por la comida. Luke caminaba con dificultad, apoyado en un bastón. Tenía aparatos ortopédicos en ambos brazos y también un cuello ortopédico.

Después de la comida, mi hermano Bob y yo los llevamos a la cocina de la iglesia y le preguntamos a Luke sobre los aparatos que tenía

en los brazos. Él nos dijo que tenía un problema en los túneles car-
pianos. Le pregunté si estaba dispuesto a quitarse los aparatos y si nos
permitiría orar. (Cuando es posible, prefiero quitar todo aquello en lo
que la persona tienda a confiar que no sea Dios). Nos dijo que sí, y le
impusimos las manos sobre sus muñecas, ordenando que el túnel se
abriera y todo el dolor y el adormecimiento desaparecieran. Entonces,
Luke comenzó a mover sus manos sin problemas, practicando la sanidad que acababa de recibir.

Cuando le preguntamos por su bastón y el obvio problema que tenía
en la pierna, nos relató que había sufrido un terrible accidente por el
cual habían debido colocarle una espinilla y una cadera artificial. Hasta
había perdido medio pulmón. Caminaba trabajosamente y con mucho
dolor. Cuando los cirujanos lo operaron, una pierna le quedó más de un
centímetro más corta que la otra. Le pedí que se sentara y les dije a él y
su esposa que observaran lo que Dios iba a hacer. Sostuve sus piernas de
manera que ambos pudieran ver la situación actual y luego pudieran reconocer cualquier cambio cuando se produjera. Ordenamos a la pierna
que creciera, y creció. Cuando Luke se puso de pie, comenzó a pasar el
peso del cuerpo de una pierna a la otra, casi como si estuviera probando
un nuevo par de zapatos, mientras murmuraba: "Sí, esto está bien". (La
reacción de la gente que no es cristiana es lacónica y nos resulta muy
divertida). Le pedí que caminara por la cocina, y pudo hacerlo sin cojear
ni sentir dolor alguno. Dios obraba: había reemplazado más de un centímetro de hueso faltante y había quitado todo el dolor que el accidente
le había provocado a Luke.

Después, le preguntamos por su cuello. Me dijo que tenía cáncer y
que le habían dado un par de años de vida. Luego, continuó explicán-
dome que el cuello ortopédico era necesario para sostener la cabeza en
su lugar, porque había perdido fuerza muscular en su cuello. Para este
entonces, un grupo de personas se había reunido a nuestro alrededor,
no para mirar, sino para participar. A mi pedido, Luke se quitó el cuello ortopédico, mientras otro hombre de nuestra congregación, que era
médico, sostenía su cabeza firmemente. Escuché a este médico ordenar

que crecieran nuevos músculos, mencionando el nombre de cada uno en latín. Quedé impresionado. Cuando terminó, Luke giró su cabeza de lado a lado; todo estaba funcionando bien. Después, apoyó una mano en el costado de su cuello y exclamó: – ¡Los bultos desaparecieron!

Su médico le dio un certificado de buena salud, y los milagros continuaron mucho más allá de la sanidad física. Luke y Jennifer comenzaron a servir a Jesús como su Señor y Salvador. Semanas después, Luke consiguió un trabajo; era la primera vez en diecisiete años que trabajaba. ¡Jesús sana a la persona completa!

UN DÍA COMO CUALQUIER OTRO

Aunque una boda como esta que acabo de relatar es algo inusual, la búsqueda deliberada de los pobres y los milagros por parte de nuestra iglesia no lo es. La historia es real, y está más cerca de lo que es la vida cristiana normal que lo que la iglesia normalmente experimenta. La falta de milagros no es la voluntad de Dios para nosotros. El problema está entre nuestras orejas. Por consiguiente, se necesita una transformación –una renovación de la mente– que es solo posible por una obra del Espíritu Santo que, generalmente, se produce en las personas que están desesperadas.

Los novios de los que hablé, aunque son personas muy nobles, son gente común que sirve a un Padre extraordinario. Ninguna persona extraordinaria participó de ese acontecimiento, excepto Jesús. Los demás, simplemente, permitimos que Dios obrara, creyendo que Él siempre cumple. Los riesgos que los novios corrieron eran más de lo que Dios podía pasar por alto. En medio de la celebración de este matrimonio, Dios invadió un hogar marcado por una enfermedad demoníaca y dejó un testimonio para su gloria.

Las historias como la que acabo de relatar se están convirtiendo en algo habitual, y la cantidad de gente que se une a esta búsqueda de un evangelio auténtico –el evangelio del Reino– va en aumento. Amar a Dios y a su pueblo es un honor. Ya no inventaremos excusas para la falta de poder, porque la falta de poder es inexcusable. Nuestro mandato es simple: levantar una generación que pueda mostrar abiertamente el poder desnudo de Dios. De esto trata este libro: la búsqueda del Rey, y de su Reino.

"Porque el reino de Dios no es cuestión de palabras sino de poder". [1]

"Busquen primeramente el reino de Dios…" [2]

───────── NOTAS ─────────

1. 1 Corintios 4:20
2. Mateo 6:33

Capítulo 2

COMISIÓN RESTAURADA

> "Jesús de Nazaret fue un hombre acreditado
> por Dios ante ustedes con milagros, señales y
> prodigios, los cuales realizó Dios entre
> ustedes por medio de él,..."[1]

Jesús no podía sanar a los enfermos. Tampoco podía librar a los atormentados por demonios ni levantar a los muertos. Creer lo contrario sería ignorar lo que Él dijo sobre sí mismo y –más importante aún– pasar por alto el propósito de la limitación que Él mismo se impuso: la de vivir como un hombre.

Jesucristo dijo de sí mismo: *"El hijo no puede hacer nada".*[2] En el idioma griego, al igual que en español, esa palabra, "nada", tiene un único significado: ¡NADA! Jesús no tenía NINGUNA capacidad sobrenatural. Aunque es totalmente Dios, Jesús decidió vivir con las mismas limitaciones que el hombre debía enfrentar. Lo dijo claramente una y otra vez. Jesús se convirtió en el modelo de todos los que iban a aceptar la invitación de invadir lo imposible en su nombre. Hizo milagros, prodigios y señales, como un hombre que estaba en la relación correcta con Dios..., no como Dios. Si hubiera realizado milagros porque era Dios, esos milagros serían inalcanzables para nosotros. Pero si los hizo como hombre, nosotros tenemos la responsabilidad de imitar su estilo de vida. Captar nuevamente esta sencilla verdad cambia todo… y hace posible una plena restauración del ministerio de Jesús en su iglesia.

¿Cuáles eran los aspectos distintivos de su humanidad?

1. No tenía pecado que lo separara del Padre.
2. Dependía por completo del poder del Espíritu Santo que obraba a través de Él.

¿Cuáles son los aspectos distintivos de nuestra humanidad?

1. Somos pecadores limpiados por la sangre de Jesús. Por medio de su sacrificio, Él ha resuelto satisfactoriamente el problema del poder y los efectos del pecado para todos los que creen. Ahora, nada nos separa del Padre. Solo hay un asunto por resolver…
2. ¿Hasta qué punto estamos dispuestos a depender del Espíritu Santo en nuestra vida?

LA COMISIÓN ORIGINAL

La columna vertebral de la autoridad y el poder del Reino es la comisión. Descubrir la comisión original de Dios y su propósito para la humanidad nos ayuda a reforzar nuestra resolución de vivir una vida destinada a cambiar la historia. Para hallar esa verdad, debemos regresar al principio de todo.

El hombre fue creado a imagen de Dios y colocado en la máxima expresión de belleza y paz del Padre: el huerto del Edén. Fuera del huerto, era otra historia. No existía el orden y la bendición que había adentro, y se necesitaba el toque del delegado de Dios: Adán.

Adán y Eva fueron colocados en el huerto con una misión. Dios les dijo: *"Sean fructíferos y multiplíquense; llenen la tierra y sométanla"*.[3] La intención de Dios era que, al tener más hijos, que también vivirían bajo el gobierno de Dios, ellos extendieran los límites del huerto (su gobierno) simplemente por medio de su devoción a Él. Cuanto mayor fuera el número de personas en relación correcta con Dios, más grande sería el impacto de su liderazgo. Este proceso debía continuar hasta que toda la Tierra estuviera cubierta con el glorioso gobierno de Dios por medio del hombre.

Pero en Génesis, capítulo 1, descubrimos que el universo no es perfecto. Satanás se había rebelado y había sido echado fuera del cielo, y con él, una parte de los ángeles caídos tomaron dominio de la Tierra. Es obvio por qué el resto del planeta debía ser sometido: estaba bajo la influencia de las tinieblas.[4] Dios podría haber destruido al diablo y sus fuerzas con una palabra, pero decidió vencer a las tinieblas por medio de su autoridad delegada: aquellos que había hecho a su imagen, y que amaban a Dios por decisión propia.

UNA HISTORIA DE AMOR

El Soberano nos puso a nosotros, los hijos de Adán, a cargo del planeta Tierra. *"Los cielos le pertenecen al SEÑOR, pero a la humanidad le ha dado la tierra".*[5] Él eligió para nosotros el honor más elevado, porque el amor siempre elige lo mejor. Ese es el comienzo del romance de nuestra creación…, creados a su imagen, para tener intimidad con Él. Ese dominio podría expresarse por medio del amor. Es a partir de esta revelación que debemos aprender a andar como embajadores suyos, venciendo así al *príncipe de este mundo".* El escenario estaba preparado para que todas las tinieblas cayeran cuando el hombre ejerciera la influencia que le había sido dada por Dios. Pero el hombre cayó.

Satanás no fue al huerto del Edén violentamente a tomar posesión de Adán y Eva. ¡No podía hacerlo! ¿Por qué? Porque no tenía dominio allí. El dominio otorga poder. Y dado que el ser humano tenía las llaves del dominio sobre el planeta, el diablo tenía que tomar la autoridad de él. La sugerencia de comer del fruto prohibido fue, simplemente, un intento del diablo para que Adán y Eva se pusieran de acuerdo con él en contra de Dios y así le dieran poder. Por medio de ese acuerdo, él obtuvo poder para matar, robar y destruir. Es importante recordar que aun hoy, Satanás obtiene su poder por acuerdo del hombre.

La humanidad abandonó su autoridad para gobernar cuando Adán comió la fruta prohibida. Pablo dijo: "… *son esclavos de aquel a quien obedecen*".[6] En ese simple acto, la humanidad se convirtió en esclava y posesión del maligno. Todo lo que Adán poseía, incluyendo el título de propiedad del planeta, con su correspondiente puesto de gobierno, pasó a ser parte del botín del diablo. El plan de redención predeterminado por Dios inmediatamente se puso en funcionamiento: "*Pondré enemistad entre tú y la mujer, y entre tu simiente y la de ella; su simiente te aplastará la cabeza, pero tú le morderás el talón*".[7] Jesús iba a venir a reclamar todo lo que se había perdido.

JESÚS NO TOMÓ ATAJOS PARA ALCANZAR LA VICTORIA

El plan de Dios para que el hombre gobernara nunca se canceló. Jesús vino a llevar el castigo del pecado del hombre y a recuperar lo que se había perdido. Lucas 19:19 dice que Jesús vino "*a buscar y a salvar lo que se había perdido*". No solo la humanidad se había perdido en pecado, sino que también había perdido su dominio sobre el planeta. Jesús vino a recuperar ambas cosas. Satanás trató de arruinar ese plan al final de los cuarenta días de ayuno de Jesús. El diablo sabía que él no era digno de que Jesús lo adorara, pero también sabía que Jesús había venido a reclamar la autoridad que el hombre había entregado. "*Sobre estos reinos y todo su esplendor —le dijo—, te daré la autoridad, porque a mí me ha sido entregada, y puedo dársela a quien yo quiera. Así que, si me adoras, todo será tuyo*".[8] Observe la frase "*a mí me ha sido entregada*". Satanás no podía robarla. Le fue entregada cuando Adán abandonó el gobierno de Dios. Era como si Satanás tratara de decirle a Jesús: "Yo sé a qué viniste. Tú sabes lo que yo quiero. Adórame, y te devolveré las llaves". De hecho, Satanás ofreció a Jesús un atajo para lograr su meta de recuperar las llaves de la autoridad que el hombre había perdido por el pecado. Jesús dijo "No" a ese atajo, y se negó a darle honra. (Ese mismo deseo de ser adorado fue lo que causó la caída de Satanás del cielo en primer lugar)[9]. Jesús se mantuvo firme, porque había venido a morir.

El Padre quería que Satanás fuera derrotado por el hombre... por un hombre hecho a su imagen. Jesús, que iba a derramar su sangre para redimir a la humanidad, se despojó de sus derechos como Dios y asumió las limitaciones de un hombre. Satanás fue vencido por un hombre: el Hijo del Hombre, que tenía la relación correcta con Dios. Ahora, cuando las personas reciben la obra de Cristo en la cruz para salvación, se incorporan a esa victoria. Jesús venció al diablo con su vida sin pecado, lo venció en su muerte pagando por nuestros pecados con su sangre y, una vez más, en su resurrección, levantándose triunfante con las llaves de la muerte y el infierno.

Nacimos para gobernar

Al redimir al hombre, Jesús recuperó lo que este había entregado. Desde el trono de triunfo, declaró: *"Se me ha dado toda autoridad en el cielo y en la tierra. Por tanto, vayan..."*.[10] En otras palabras: "Ya recuperé todo. Ahora, vayan y reclamen a la humanidad". En este pasaje, Jesús cumple la promesa que hizo a los discípulos cuando les dijo: *"Te daré las llaves del reino de los cielos"*.[11] El plan original nunca se canceló; se completó de una vez y para siempre en la resurrección y la ascensión de Jesús. Entonces, volvimos a entrar completamente en su plan de gobernar como pueblo hecho a su imagen. Y como tales, aprenderíamos a cumplir en la práctica la victoria obtenida en el Calvario: *"El Dios de paz aplastará a Satanás bajo los pies de ustedes"*.[12]

Nacimos para gobernar —sobre la creación, sobre las tinieblas—, para saquear el infierno y establecer el gobierno de Jesús dondequiera que vayamos predicando el evangelio del Reino. La palabra Reino significa *dominio del Rey*. En el propósito original de Dios, la humanidad gobernaba la creación. Ahora que el pecado ha entrado en el mundo, la creación ha sido infectada por las tinieblas, es decir: enfermedad, dolencias, espíritus que nos afligen, pobreza, desastres naturales, influencias demoníacas, etc. Seguimos gobernando la creación, pero ahora, concentrándonos en revelar y deshacer las obras del diablo. Para lograr tal cometido, debemos dar lo que hemos recibido.[13] Si yo realmente recibo poder de un encuentro con el Dios de poder, estoy preparado para darlo. La invasión de Dios en situaciones imposibles se produce a través de un pueblo que ha recibido poder de lo alto y ha aprendido a manifestarlo en las circunstancias de la vida.

LA LLAVE DE DAVID

El evangelio de salvación debe tocar al hombre en su totalidad: espíritu, alma y cuerpo. John G. Lake llama a esto "salvación triuna". Un estudio de la palabra *mal* confirma el alcance de la redención que Jesús quiso para nosotros. Esa palabra se encuentra en Mateo 6:13: *"… líbranos del mal"* (RVR 60). La palabra *mal* representa toda la maldición del pecado sobre el hombre. *Poneros*, la palabra griega que se traduce como 'mal', proviene de *ponos*, que significa 'dolor'. Y esa palabra proviene de otra, *penes*, que significa 'pobres'. Véalo: mal: pecado; dolor: enfermedad; pobres: pobreza. Jesús destruyó el poder del pecado, la enfermedad y la pobreza por medio de su obra redentora en la cruz. Cuando a Adán y Eva les fue dada la comisión de someter la Tierra, no tenían enfermedad, ni pobreza ni pecado. Ahora que fuimos restaurados a su propósito original, ¿deberíamos esperar algo menos que eso? ¡Después de todo, este es un mejor pacto!

Nos fueron dadas las llaves del Reino,[14] que, en parte, es la autoridad para aplastar a todos los poderes del infierno.[15] Este principio tiene una aplicación única en la frase *"la llave de David"*,[16] que se menciona tanto en Apocalipsis como en Isaías. *El Diccionario Bíblico Unger* dice: "El poder de las llaves consistía no solo en supervisar las cámaras reales, sino también en decidir quién podía ser recibido en la presencia del Rey, y quién no".[17] Todo lo que el Padre tiene es nuestro en Jesucristo.

Todo su tesoro de recursos, sus cámaras reales, está a nuestra disposición para que cumplamos su comisión. Pero lo que más debe hacernos reflexionar en esta ilustración es la parte que habla de "controlar quién puede ver al Rey". ¿No es eso lo que hacemos con este evangelio? Cuando lo declaramos, damos oportunidad para que las personas entren a ver al Rey y sean salvas. Cuando callamos, hemos decidido mantener lejos de la vida eterna a quienes podrían oírlo. ¡Realmente, es para pensarlo! Fue una llave que le costó mucho a Jesús comprar, y es también costosa para nosotros. Pero es aún más costoso enterrarla y no ganar intereses para el Rey que vendrá. Ese precio se hará sentir para toda la eternidad.

REVOLUCIÓN DE IDENTIDAD

Es hora de que nuestra visión se revolucione. Cuando los profetas nos dicen "tu visión es demasiado pequeña", muchos pensamos que el remedio es aumentar los números que hemos estado esperando. Por ejemplo, si esperábamos que se convirtieran diez personas, ahora esperamos cien. Si orábamos por ciudades, oraremos por naciones. Al responder de esa forma, pasamos por alto el significado más profundo de una palabra muy repetida. Aumentar los números no es necesariamente una señal de una visión más grande desde la perspectiva de Dios. La visión comienza con identidad y propósito. Revolucionando nuestro pensamiento, podemos pensar con propósito divino. Este cambio comienza con una revelación de Él.

Una de las tragedias de tener una identidad debilitada es cómo esto afecta nuestra manera de entender *La Biblia*. Muchos, si no la mayoría de los teólogos, cometen el error de tomar todo el "buen material" que contienen los profetas y barrerlo bajo la misteriosa alfombra llamada "el Milenio". No deseo debatir ese tema ahora, pero sí quiero mencionar que somos propensos a dejar para más adelante aquellas cosas que requieren valentía, fe y acción. La idea –errada– es que, si es bueno, no puede ser para este momento.

Una piedra angular de esta teología es que la situación de la Iglesia será cada vez peor; por lo tanto, la tragedia, en la Iglesia, es solo otra señal de que estos son los últimos días. En este concepto tergiversado, la debilidad de la Iglesia confirma, para muchos, que están en el camino correcto. El empeoramiento de la situación del mundo y de la Iglesia se convierte, para ellos, en una señal de que todo anda bien. Tengo muchos problemas con esa línea de pensamiento, pero solo mencionaré uno ahora: ¡no requiere fe!

Estamos tan hundidos en la incredulidad que todo lo que sea contrario a esta visión del mundo es considerado del diablo. También lo es la idea de que la iglesia puede tener un impacto dominante antes que Jesús regrese. Es como si quisiéramos defender el derecho a ser pocos en número y apenas lograrlo.. Adoptar un sistema de creencias que no requiera fe es peligroso. Es contrario a la naturaleza de Dios y a todo lo que declara *La Biblia*. Dado que Él planea hacer "*muchísimo más que todo lo que podamos imaginarnos o pedir*", según Efesios 3:20, sus promesas, por naturaleza, desafían nuestro intelecto y nuestras expectativas. "[Jerusalén] *no tomó en cuenta lo que le esperaba. Su caída fue sorprendente*".[18] No podemos darnos el lujo de sufrir los resultados de olvidar sus promesas.

Con frecuencia, estamos más convencidos de lo indignos que somos, que de lo digno que es Él. Nuestra incapacidad toma mayor preponderancia que su capacidad. Pero Aquel que llamó "*guerrero valiente*" al temeroso Gedeón, y "*roca*" al inestable Pedro, nos ha llamado, a nosotros, el cuerpo de su amado Hijo en la Tierra. ¡Esto debería significar algo para nosotros!

En el próximo capítulo, veremos cómo utilizar un don para manifestar su Reino… y hacer que el cielo toque la Tierra.

NOTAS

1. Hechos 2:22.
2. Juan 5:19.
3. Génesis 1:28.
4. Génesis 1:2.
5. Salmos 115:16.
6. Romanos 6:16.
7. Génesis 3:15.
8. Lucas 4:6-7.
9. Isaías 14:12.
10. Mateo 28:18-19.
11. Mateo 16:19.
12. Romanos 16:20.
13. Vea Mateo 10:8.
14. Vea Mateo 16:19.
15. Vea Lucas 10:19.
16. Isaías 22:22; Apocalipsis 3:7.
17. Unger's Bible Dictionary [Diccionario Bíblico de Unger], pág. 629, *key* [llave], Chicago, III, Moody Press, 1957.
18. Lamentaciones 1:9.

Capítulo 3

ARREPIÉNTETE Y VERÁS

> La mayoría de los cristianos se arrepienten
> lo suficiente como para ser salvos, pero no
> como para ver el Reino.

Israel esperaba que su Mesías llegara como el Rey que gobernaría sobre todos los demás reyes. Y Él lo hizo. Pero su concepto equivocado sobre lo que significaba la grandeza en el reino del Mesías hizo que les resultara difícil comprender cómo podía haber nacido sin fanfarrias terrenales y convertirse en siervo de todos.

Ellos esperaban que Él gobernara con vara de hierro. Cuando esto sucediera, ellos finalmente podrían vengarse de todos los que los habían oprimido a lo largo de los siglos. Pero no se daban cuenta de que la venganza del Mesías estaría dirigida, no tanto a los enemigos de Israel, como a los enemigos de todo hombre: el pecado, el diablo y sus obras, y las actitudes fariseaicas que promueve la religión.

Jesús, el Mesías, llegó… lleno de sorpresas. Solo los de corazón contrito podrían seguir sus desafíos constantes a los límites sin ofenderse. Su propósito se reveló en su mensaje básico: *"Arrepiéntanse, porque el reino de los cielos está cerca".*[1] Ahora bien, hubo algo que los tomó completamente de sorpresa: ¡El Mesías trajo a su mundo consigo!

MÁS QUE LÁGRIMAS

Arrepentirse significa mucho más que llorar por los pecados, o aun apartarse de esos pecados para seguir a Dios. De hecho, apartarse del pecado para volverse a Dios es más un resultado del verdadero arrepentimiento que el hecho en sí. Arrepentirse significa cambiar de forma de pensar. Solo cambiando de forma de pensar podemos descubrir cuál era el objetivo central del ministerio de Jesús: el Reino.

No se trata simplemente de un mandato celestial de pensar cosas agradables. Obedecer este mando es posible solo para quienes se rinden ante la gracia de Dios. La mente renovada es la consecuencia de un corazón entregado.

MEDIA VUELTA

Suele definirse el arrepentimiento como 'dar la media vuelta'. Esto implica que yo iba en una dirección en la vida, y cambié para seguir otra. *La Biblia* lo explica así: "… *arrepentimiento de las obras que conducen a la muerte, la fe en Dios*".[2] La fe, entonces, es tanto la coronación como el camino que lleva al arrepentimiento.

Mucho se ha predicado este mandato en los últimos años. El mensaje es muy necesario. El pecado oculto es el talón de Aquiles de la iglesia en esta época. Nos ha impedido tener la pureza que produce osadía y gran fe. Pero, por noble que sea tal meta, el mensaje no alcanza. Dios desea algo más de nosotros que simplemente "sacarnos de apuros". ¡Él quiere que estemos en la posición correcta! El arrepentimiento no es completo si no visualizamos su Reino.

COLABORADORES DE CRISTO

El elemento central del arrepentimiento es cambiar nuestra forma de pensar, hasta que la presencia de su Reino llene nuestra conciencia. Podemos resistir fácilmente los intentos del enemigo por atar nuestros afectos a las cosas que son visibles cuando nuestro corazón tiene con ciencia de la presencia del mundo de Dios. Tal conciencia nos ayuda a ser colaboradores[3] de Cristo y a destruir las obras del diablo.[4]

Si el Reino es aquí y ahora, debemos reconocer que está en el ámbito invisible. Pero el hecho de que esté cerca significa que está a nuestro alcance. Pablo dijo que el ámbito invisible es eterno, mientras que lo que vemos es solo temporario.[5] Jesús le dijo a Nicodemo que tendría que nacer de nuevo para ver el Reino.[6] Lo que no se ve, puede comprenderse únicamente por medio del arrepentimiento. Es como si Jesús hubiera dicho: "Si no cambian la forma en que perciben las cosas, vivirán toda la vida pensando que lo que ven en el ámbito natural es la realidad superior. Si no cambian su forma de pensar, nunca verán el mundo que está justo delante de ustedes: mi mundo, que es el cumplimiento de todos los sueños que hayan tenido en su vida. Yo lo traje conmigo". Todo lo que Jesús hizo en su vida y su ministerio, lo hizo tomando de esa realidad superior.

Viviendo de lo invisible

"Gloria de Dios es ocultar un asunto, y gloria de los reyes el investigarlo".[7] Algunas cosas solo las descubren los que están desesperados. Esta valiosísima actitud del Reino[8] es lo que marca el corazón de la verdadera realeza del Reino.[9] El Dios que puso el oro en las piedras trajo su Reino consigo, pero lo dejó oculto.

Pablo habla sobre esto en su carta a los colosenses. Allí nos informa que Dios escondió nuestra vida abundante en Cristo.[10] ¿Y dónde está Él? Sentado a la diestra del Padre, en los lugares celestiales.[11] Nuestra vida abundante está escondida en el ámbito del Reino. Y solo la fe puede tomar de ella.

El dominio del Rey

El Reino es el dominio del rey; *dominio* implica autoridad y señorío. Jesús vino a ofrecer los beneficios de su mundo a todos los que se

obierno. El ámbito del gobierno de Dios, ese ámbito
cia, es el ámbito llamado *el Reino*. Los beneficios de
edaron ilustrados por medio de sus obras de perdón,
liberación y sanidad.

La vida cristiana ha sido dirigida hacia esa meta, verbalizada en la
Oración Modelo del Señor: "… *venga tu reino, hágase tu voluntad en la
tierra como en el cielo*".[12] Su dominio se concreta cuando lo que sucede
aquí es *"como en el cielo"*. (Hablaremos de esto en mayor detalle en el
capítulo 4).

EL SERMÓN MÁS SUBLIME

En Mateo, capítulo 4, Jesús primero declaró el mensaje de arrepentimiento. Llegaron personas de todas partes, trayendo a los enfermos y
dolidos, atormentados y discapacitados. Jesús los sanó a todos.

Después de los milagros, Jesús dio su sermón más famoso de todos los tiempos: el Sermón del Monte. Es importante recordar que estas
personas acababan de ver a Jesús sanar toda clase de enfermedades y
realizar liberaciones asombrosas. ¿Es posible que, en lugar de ordenarles
un cambio en su forma de pensar, Jesús estuviera, en realidad, explicán-
doles la transformación de corazón que acababan de experimentar?

*"Dichosos los pobres en espíritu, porque el reino de los cielos les per-
tenece"*.[13] ¿Cómo describiría usted a una multitud que abandona sus
ciudades durante días, recorre grandes distancias a pie, abandona todo
lo que implica la vida, solo para seguir a Jesús a un lugar desolado?
Y allí, Él iba a hacer lo que ellos habían creído imposible. El hambre
que sentían en su corazón arrancó del corazón de Dios una realidad
que ellos ni siquiera sabían que existía. ¿Está incluida esta situación
de ellos en las Bienaventuranzas? Creo que sí. Yo los llamo *"pobres en
espíritu"*. Y Jesús les dio la manifestación del Reino que había prometido, con sanidad y liberación. Después, a los milagros les siguió el
Sermón, porque era común que Jesús explicara con su enseñanza algo
que acababa de hacer.

En este caso, la presencia del Espíritu Santo sobre Jesús causó hambre de Dios en la gente. Este hambre provocó un cambio en sus actitudes sin que fuera necesario ordenarles que las cambiaran. Su hambre de Dios, aun antes de poder reconocerla como tal, había creado una nueva perspectiva en ellos, a la cual no estaban acostumbrados. Sin hacer esfuerzo alguno por cambiar, ellos habían cambiado. ¿Cómo? El Reino llega en la presencia del Espíritu de Dios. Fue su presencia lo que ellos detectaron, y era esa presencia lo que ansiaban. Para ellos, no importaba si Él hacía milagros o les daba otro sermón; simplemente, necesitaban estar donde Él estaba. El hambre nos hace humildes. El hambre de Dios produce la máxima humildad. Y Él los exaltó *"a su debido tiempo"*[14] permitiéndoles probar lo que era su dominio.

El Sermón del Monte es un tratado sobre el Reino. En él, Jesús revela las actitudes que ayudan a sus seguidores a acceder a su mundo invisible. Dado que somos ciudadanos del cielo, estas actitudes se forman en nosotros para que podamos captar en su totalidad todo lo que su Reino tiene a nuestra disposición. Las Bienaventuranzas son, en realidad, las lentes a través de las cuales se ve el Reino. El arrepentimiento implica tomar sobre nosotros la mente de Cristo que se revela en estos versículos. Él podría haberlo expresado con estas palabras: "Así es una mente arrepentida".

Por favor, observe la condición gozosa de los ciudadanos del mundo de Dios que aún no están en el cielo. ¡Bienaventurados significa *felices*! Esta es mi paráfrasis de Mateo 5:3-12:

3. Ustedes son felices si son pobres de espíritu, porque el reino de los cielos es suyo.

4. Ustedes son felices si lloran, porque serán consolados.

5. Ustedes son felices si son mansos, porque heredarán la Tierra.

6. Ustedes son felices si tienen hambre y sed de justicia, porque serán saciados.

7. Ustedes son felices si son misericordiosos, porque recibirán misericordia.

8. Ustedes son felices si son de corazón limpio, porque verán a Dios.

9. Ustedes son felices si son pacificadores, porque serán llamados hijos de Dios.

10. Ustedes son felices si son perseguidos por causa de la justicia, porque el reino de los cielos les pertenece.

11. Ustedes son felices si los calumnian y los persiguen, y dicen toda clase de cosas malas de ustedes falsamente, por causa de mí.

12. Regocíjense, y alégrense en gran manera, porque su recompensa en los cielos es grande, ya que así persiguieron a los profetas que fueron antes que ustedes.

Estudiemos el resultado prometido para cada nueva actitud: recibir el Reino, ser consolados, recibir misericordia, ver a Dios, etc. ¿Por qué es importante reconocer esto? Porque muchos consideran las enseñanzas de Jesús como otra forma de la ley. Para la mayoría, Él solo trajo un nuevo conjunto de reglas. La gracia difiere de la ley en que el favor llega antes de la obediencia. Bajo la gracia, los mandamientos del Señor vienen totalmente equipados con la capacidad de cumplirlos... para quienes escuchan de corazón.[15] La gracia nos capacita para hacer lo que ella misma ordena.

El dominio hecho realidad

El mundo invisible tiene influencia sobre el visible. Si el pueblo de Dios no intenta tomar el reino de Dios que tiene a su alcance, la potestad de las tinieblas está lista para demostrar su capacidad de influir. La buena noticia es que *"su reinado* [el de Dios] *domina sobre todos".*[16]

Jesús ilustró esta realidad en Mateo 12:28, diciendo: *"Si expulso a los demonios por medio del Espíritu de Dios, eso significa que el reino de Dios ha llegado a ustedes".* Hay dos cosas que debemos destacar, y de las que hablaremos con mayor profundidad en otros capítulos de este libro.

Primero, Jesús obraba solo por medio del Espíritu de Dios; segundo, el reino de Dios llegaba sobre las personas que eran liberadas. Jesús causaba la colisión entre dos mundos: el mundo de las tinieblas y el mundo de la luz. Las tinieblas siempre abren paso a la luz. De la misma forma, cuando el dominio de Dios se demostró por medio de Jesús al hombre, este fue libre.

ANDAR POR CONVICCIÓN

La misma colisión entre la luz y las tinieblas se produce cuando son sanados los enfermos. Walter había sufrido dos ataques de apoplejía el año anterior que lo habían dejado sin sensibilidad en todo el costado derecho de su cuerpo. Él me mostró una horrible quemadura que había sufrido en su brazo, sin saber que se estaba quemando. La convicción –una de las palabras que se utilizan para detectar la fe–[17] comenzó a arder en mi corazón. Mientras aún me estaba hablando, comencé a orar por él con mi mano sobre su hombro. Tuve que hacerlo enseguida. Había tomado conciencia del Reino, donde no provocó insensibilidad, y no deseaba tomar mayor conciencia de cuán serio era su problema. Mi oración fue algo así: "Padre, esto fue idea tuya. Tú nos ordenaste orar para que las cosas sean aquí como son en el cielo, y sé que no hay insensibilidad allí, así que tampoco tendría que haberla aquí. Así pues, ordeno en el nombre de Jesús que las terminales nerviosas cobren vida. Ordeno una restauración total de la sensibilidad en este cuerpo".

Poco después de que yo comenzara a orar, Walter me dijo que sentía mi mano en su hombro y podía sentir la textura de la tela de mi camisa con su mano derecha. Fue el comienzo de la colisión contra el mundo de la insensibilidad. Y la insensibilidad fue derrotada.

La fe es la clave para descubrir la naturaleza superior del ámbito invisible. Es el "don de Dios" interior que debemos descubrir. En el próximo capítulo aprenderemos cómo la fe trata lo invisible y abre paso a la invasión del cielo.

1. Mateo 4:17
2. Hebreos 6:1
3. Vea 1 Corintios 3:9.
4. Vea 1 Juan 3:8.
5. Vea 2 Corintios 4:18.
6. Vea Juan 3:3.
7. Proverbios 25:2.
8. Vea Mateo 5:6.
9. Vea Apocalipsis 1:5.
10. Vea Colosenses 3:3.
11. Vea Efesios 1:20.
12. Mateo 6:10.
13. Mateo 5:3.
14. Vea 1 Pedro 5:6.
15. Vea Santiago 1:21-25.
16. Salmo 103:19.
17. Vea Hebreos 11:1 (RVR 60).

FE ANCLADA EN
LO INVISIBLE

*Ahora bien, la fe es la garantía de lo que se espera,
la certeza de lo que no se ve.*[1]

*La fe es el espejo del corazón, que refleja
las realidades de un mundo invisible: la sustancia
real del reino de Dios. Por medio de la oración de fe,
podemos tomar la realidad de su mundo e introducirla
en este. Esa es la función de la fe.*

La fe está anclada en el ámbito invisible. Vive a partir de lo invisible hacia lo visible. La fe concreta lo que ve. *La Biblia* presenta el contraste entre la vida de la fe y las limitaciones de la vista natural.[2] La fe da ojos al corazón.

Jesús espera que las personas vean con el corazón. Cierta vez, Él llamó *hipócritas* a un grupo de líderes religiosos porque podían discernir lo relativo al clima, pero no podían discernir los tiempos. Es obvia la razón por la que Jesús prefería que las personas reconocieran los tiempos (el clima y las estaciones espirituales) más que el "tiempo" climático, pero no es tan obvio por qué Él los consideraba hipócritas por no hacerlo.

Muchos pensamos que la capacidad de ver el ámbito espiritual es más resultado de un don espiritual que un potencial que todos tenemos, pero no utilizamos. Le recuerdo que Jesús dirige esta acusación a los fariseos y saduceos. El hecho de que ellos, entre todas las personas, tuviesen la obligación de ver, es evidencia de que todos han recibido tal capacidad. Ellos se volvieron ciegos a su dominio por la corrupción de sus corazones, y fueron juzgados por el potencial que poseían y no pusieron en práctica.

Nacemos de nuevo por gracia, por medio de la fe.[3] La experiencia de nacer de nuevo nos permite ver con el corazón.[4] Un corazón que no ve, es un corazón endurecido.[5] La fe nunca tuvo como único propósito "hacernos entrar en la familia". Más bien, es la naturaleza de la vida en esta familia. La fe ve. Ubica al Reino en el centro de nuestra atención. Todos los recursos del Padre, todos sus beneficios, están a nuestro alcance por medio de la fe. Para alentarnos en nuestra capacidad de ver, Jesús nos dio instrucciones específicas: "*Busquen primeramente el reino de Dios...*"[6] Pablo nos enseña: "*Concentren su atención en las cosas de arriba, no en las de la tierra*".[7] También afirmó: "*... ya que lo que se ve es pasajero, mientras que lo que no se ve es eterno*".[8] La *Biblia* nos indica que prestemos atención a lo invisible. Este tema se repite lo suficiente en *Las Sagradas Escrituras* como para ponernos bastante nerviosos a los que estamos atados por la lógica de la cultura occidental.

Este es el secreto del ámbito sobrenatural que queremos ver restaurado a la iglesia. Jesús nos dijo que Él solo hacía lo que veía hacer al Padre. Tal visión es vital para quienes anhelan más. El poder de sus acciones –por ejemplo, el barro que puso en los ojos del ciego– surge de su capacidad de ver.

LA ADORACIÓN Y LA ESCUELA DE FE

Dios está muy decidido a enseñarnos a ver. Para hacerlo posible, nos dio al Espíritu Santo como tutor. El plan de estudios que utiliza es muy variado. Pero la clase a la que todos podemos asistir es el mayor de todos los privilegios del cristiano: la adoración. *Aprender a ver* no es el propósito de la adoración, pero sí un maravilloso efecto secundario.

Aquellos que adoran en espíritu y en verdad –como dice Juan 4:23-24– aprenden a seguir la guía del Espíritu Santo. Su ámbito es llamado el reino de Dios. El trono de Dios, que se establece en las alabanzas de su pueblo,[9] es el centro de ese Reino. Es en el ambiente de adoración que aprendemos cosas que van mucho más allá de lo que puede captar nuestro intelecto;[10] y la más grande de estas lecciones es el valor de su Presencia. David lo sentía de tal forma que todas las demás cosas que había logrado, empalidecían en comparación con la entrega de su corazón ante Dios. Sabemos que él aprendió a ver en el interior del ámbito de Dios por frases como: *"Siempre tengo presente al SEÑOR; con él a mi derecha, nada me hará caer"*.[11] La presencia de Dios influía en su visión. Él practicaba constantemente el reconocimiento de la presencia de Dios. Veía a Dios diariamente, no con sus ojos naturales, sino con los de la fe. Esa preciada revelación fue dada a un adorador.

El privilegio de la adoración es un buen lugar para comenzar, para aquellos que no están acostumbrados a tratar algunos de estos temas que se encuentran en *La Biblia*. Es en tan maravilloso ministerio que podemos aprender a prestar atención a ese don dado por Dios: la capacidad de ver con el corazón. A medida que aprendamos a adorar con corazón puro, nuestros ojos continuarán abriéndose. Y veremos lo que Él desea que veamos.

VER LO INVISIBLE

El ámbito invisible es superior al natural. La realidad de ese mundo invisible domina el mundo natural en el que vivimos, tanto positiva como negativamente. Dado que lo invisible es superior a lo natural, la fe está anclada en lo que no se ve.

La fe vive dentro de la voluntad revelada de Dios. Si tengo conceptos equivocados sobre quién y cómo es Él, mi fe estará restringida por tales errores. Por ejemplo, si creo que Dios permite la enfermedad como forma de desarrollar el carácter, no tendré confianza para orar en la mayoría de las situaciones en que se necesita sanidad. Pero si creo que la enfermedad es para mi cuerpo lo que el pecado es para el alma, entonces, ninguna enfermedad me intimidará. La fe es mucho más libre para desarrollarse cuando realmente consideramos que el corazón de Dios es bueno.

Los mismos errores de concepto sobre Dios afectan a quienes necesitan tener fe para lograr un milagro. Una mujer que necesitaba un milagro me dijo una vez que sentía que Dios había permitido su enfermedad con un propósito. Yo le dije que si yo tratara a mis hijos de esa manera, sería arrestado por abuso infantil. Ella se dio cuenta de que yo tenía razón, y finalmente me permitió orar por ella. Cuando la verdad entró en su corazón, su sanidad llegó solo minutos después.

La incredulidad está anclada en lo que es visible o razonable fuera de Dios. Honra el ámbito natural como superior al invisible. El apóstol Pablo declara que lo que vemos es temporario, mientras que lo que no vemos, es eterno.[12] La incredulidad es fe en lo inferior.

La incredulidad se apoya en el ámbito natural. Pero ese ámbito no debe ser considerado malo en sí mismo. Por el contrario, el que es humilde de corazón reconoce la mano de Dios en lo que se ve. Dios ha creado todas las cosas para que hablen de Él, sean ríos y árboles, o ángeles y cielos. El ámbito natural da testimonio de su grandeza... para quienes tienen ojos para ver y oídos para oír.[13]

REALISTA O MATERIALISTA

La mayor parte de la gente que conozco y que está llena de incredulidad, se llama a sí misma *realista*. Es una evaluación sincera, pero no un motivo de orgullo. Esa clase de realistas creen más en lo visible que en lo que no pueden ver. En otras palabras, creen que el mundo material domina al espiritual.

El materialismo es considerado simplemente como la acumulación de bienes, pero, aunque incluye tal característica, es mucho más que eso. Puedo no tener nada, y aun así, ser materialista. Puedo no carecer de nada y ser materialista, porque el materialismo es fe en que lo natural es la realidad superior.

Somos una sociedad sensual, con una cultura moldeada por lo que perciben los sentidos. Estamos entrenados para creer solo lo que vemos. La fe verdadera no es vivir negando el ámbito natural. Si el médico dice que usted tiene un tumor, es tonto actuar como si no lo tuviera. Eso no es fe. Pero la fe está fundada en una realidad que supera ese tumor. Yo puedo reconocer la existencia de un tumor y aun así, tener fe en la provisión de las llagas de Cristo para mi sanidad… Fui sanado por esa provisión hace ya 2000 años. Es un resultado del reino de los cielos; una realidad superior. No hay tumores en el cielo, y la fe trae esa realidad a esta.

¿Querría Satanás infligir cáncer en el cielo? Sin duda. Pero no tiene dominio allí. Solo tiene dominio aquí cuando y donde el hombre lo ha aceptado.

VIVIR EN NEGACIÓN

El temor a una aparente vida en negación es lo que impide que muchos ejerciten la fe. ¿Por qué, para muchos cristianos, es tan importante lo que piensan los demás, que no están dispuestos a arriesgar todo para confiar en Dios? El temor del hombre está muy relacionado con la incredulidad. Por el contrario, el temor de Dios se relaciona muy estrechamente con la fe.

La gente de fe también es realista. Solo que su fundamento es una realidad superior.

La incredulidad es, en realidad, fe en algo que no es Dios. Él es celoso de nuestros corazones. Aquel cuya confianza está puesta fundamentalmente en otro o en otra cosa contrista al Espíritu Santo.

NO ESTÁ EN LA CABEZA

La fe nace del Espíritu en los corazones de los seres humanos. La fe no es intelectual ni antiintelectual. Es superior al intelecto. *La Biblia* no dice "el hombre creerá con la mente". Por medio de la fe, el hombre puede concordar con la mente de Dios.

Cuando sometemos las cosas de Dios a la mente del hombre, los resultados son incredulidad y religión.[14] Cuando sometemos la mente del hombre a las cosas de Dios, tenemos fe y una mente renovada. La mente es una maravillosa sierva, pero como ama es terrible.

Gran parte de la oposición a la renovación proviene de cristianos que se dejan llevar por su alma.[15] El apóstol Pablo los llama *"carnales"*. No han aprendido a ser guiados por el Espíritu. Para ellos, cualquier cosa que no tenga sentido para su mente carnal está automáticamente en conflicto con *La Biblia*. Esta forma de pensar es aceptada en toda la iglesia, en toda la civilización occidental, lo cual debería explicar por qué nuestro Dios parece ser tan semejante a nosotros.

La mayor parte de las metas de la iglesia moderna pueden ser alcanzadas sin Dios. Lo único que necesitamos es gente, dinero y un objetivo común. Con determinación, se pueden lograr grandes cosas. Pero el éxito no es, necesariamente, una señal de que la meta haya sido establecida por Dios. Hay muy pocas cosas en la vida de la iglesia que demuestren que recibimos dirección y poder del Espíritu Santo. Retornar al ministerio de Jesús es la única seguridad que tenemos de alcanzar tal meta.

FE A PARTIR DE UNA RELACIÓN

El Espíritu Santo vive en mi espíritu. Ese es el lugar de la comunión con Dios. Cuando aprendemos a recibir de nuestro espíritu, aprendemos a ser guiados por el Espíritu Santo.

"Por la fe entendemos".[16] La fe es el fundamento de la verdadera intelectualidad. Cuando "aprendemos a aprender" de esa manera, nos abrimos a crecer en verdadera fe, porque la fe no requiere entendimiento para funcionar.

Estoy seguro de que la mayoría de ustedes ha tenido esta experiencia: estamos leyendo *La Biblia*, y parece que un versículo "salta" ante nuestros ojos. Nos entusiasma ese versículo que nos da tanta vida y aliento. Pero, inicialmente, no podríamos enseñarlo ni explicarlo, aunque nuestra vida dependiera de ello. Lo que sucedió fue esto: nuestro espíritu recibió el poder vivificante de la palabra del Espíritu Santo.[17] Cuando aprendemos a recibir de nuestro espíritu, nuestra mente se convierte en alumna y, por lo tanto, está sujeta al Espíritu Santo. Por medio del proceso de revelación y experiencia, nuestra mente, al final, logra entendimiento. Ese es el aprendizaje bíblico: el espíritu influye sobre la mente.

LA FE ES GARANTÍA Y CERTEZA

"Ahora bien, la fe es la garantía de lo que se espera, la certeza de lo que no se ve".[18]

La fe es el espejo del corazón que refleja las realidades del mundo de Dios en el nuestro. Es la sustancia del ámbito invisible. Este maravilloso regalo de Dios es la manifestación terrenal inicial de lo que existe en su Reino. Es el testimonio de un ámbito invisible llamado el reino de Dios. Por medio de la oración, podemos traer esa realidad a la nuestra; así funciona la fe.

Si voy a una pizzería y pido una pizza, me darán un número y un recibo. Yo debo colocar ese número en un lugar visible sobre la mesa. Si entra alguien de la calle y se acerca a mi mesa anunciando que no me darán ninguna pizza, yo puedo señalar el número y decirle: "Cuando la pizza número 52 esté hecha, ¡es mía!" Ese número es la garantía de la pizza que espero. Si esa persona me dice que mi número no sirve, le señalaré mi recibo, la evidencia del valor de mi número. Cuando mi pizza esté hecha, el mozo irá por todo el local buscando mi número. ¿Cuándo sabe el producto de los cielos dónde debe caer? Busca la garantía: el número. Si surge algún cuestionamiento sobre la validez de mi número, el recibo, que está en *La Biblia*, demostrará con certeza mi derecho, tanto al número como a la pizza.

El cielo no se mueve simplemente en base a las necesidades del hombre. No es que a Dios no le importen; fue por su gran compasión por nosotros que Él envió a Jesús. Cuando Dios se conmueve ante la necesidad humana, rara vez arregla el problema inmediatamente; por el contrario, nos da principios del Reino que, cuando los adoptamos, corrigen los problemas. Si Dios se moviera solamente basado en la necesidad humana, países como la India y Haití llegarían a ser los más ricos del mundo. No funciona así. El cielo se mueve sobre la base de la fe. La fe es la moneda corriente en el cielo.

RESUMEN DE LA FE

El siguiente es un resumen de los efectos de la fe que encontramos en Hebreos 11:2-30:

Por fe...
> ...fueron aprobados los antiguos.
> ...entendemos.
> ...Enoc fue sacado de este mundo, porque agradó a Dios.
> ...Noé llegó a ser heredero.
> ...Abraham habitó en la tierra prometida.
> ...Sara recibió fuerza para tener un hijo, porque consideró fiel a Dios, que le había hecho la promesa.

Por fe...
> ...Abraham recibió promesas.
> ...Isaac bendijo a sus hijos.
> ...José profetizó lo que sucedería después de su muerte.

Por fe...
> ...los padres de Moisés lo escondieron, viendo que era especial.
> ...Moisés se negó a ser incluido en el sistema egipcio y decidió, por el contrario, ser rechazado por la gente.

Por fe...

...cayeron los muros de Jericó.

...Rajab no pereció.

Por fe...

...conquistaron reinos.

...hicieron justicia.

...alcanzaron lo prometido.

...cerraron bocas de leones.

...apagaron la furia de las llamas.

...escaparon del filo de la espada.

...sacaron fuerzas de flaqueza.

...se mostraron valientes en la guerra.

...pusieron en fuga a ejércitos extranjeros.

EL ORIGEN DE LA FE

"La fe viene como resultado de oír..."[19] No dice que es resultado de "haber oído". Es el corazón que presta atención *ahora* el que está listo para que el cielo deposite en él la fe.

El apóstol Pablo fue motivado por el mandato: *"Vayan por todo el mundo y anuncien las buenas nuevas..."*[20]. Pero cuando él estaba dispuesto a predicar el evangelio en Asia,[21] Dios le dijo que no. Lo que Dios *había dicho* parecía estar en conflicto con lo que Dios *estaba diciendo.*[22] Pablo, entonces, se dispuso a ir a Bitinia. Nuevamente, Dios le dijo que no. Después, Pablo soñó que un hombre le pedía que fuera a Macedonia. Reconociéndolo como voluntad de Dios, allá fue.

Aunque podemos conocer la voluntad de Dios en *La Biblia*, necesitamos que el Espíritu Santo nos ayude a interpretarla, aplicarla, y nos dé poder para cumplir su voluntad.

TEMOR

El mandato bíblico que más se repite es *"No temas"*. ¿Por qué? El temor ataca la base de nuestra relación con Dios: la fe. El temor es fe en el diablo; también se lo puede llamar incredulidad. Jesús preguntó a sus discípulos: *"Hombres de poca fe [...] ¿por qué tienen tanto miedo?"*, porque el temor es lo mismo que la falta de fe. El temor y la fe no pueden coexistir: uno obra en contra del otro.

El diablo es llamado Beelzebú, que significa 'señor de las moscas'. A él y sus huestes siempre los atrae la descomposición. Una vez, teníamos un congelador en un edificio separado de la casa. Cierto domingo, al llegar a casa de la iglesia, chocamos contra un muro de hedor que nos será muy difícil olvidar. Inmediatamente me di cuenta de lo que había sucedido. El congelador se había descompuesto. Pensé que el mal olor que hacía días que venía sintiendo, se debía a que mis hijos habían olvidado sacar toda la basura, pero era simplemente la carne y las pieles de oso que se estaban descomponiendo dentro del congelador.

Desde el asiento delantero del auto, miré las vidrieras del taller que estaba a unos doce metros de distancia. Estaban negras, llenas de moscas… una cantidad inimaginable de moscas. El congelador estaba lleno de toda clase de carne. Las moscas habían encontrado un criadero fabuloso en la carne en descomposición y se multiplicaban en cantidades industriales. Tanto la carne como el congelador acabaron en el basurero.

Cosas como la amargura, los celos y el odio bien pueden ser considerados la descomposición del corazón que invita al diablo a entrar para influir…[23] sí, aun en los cristianos. Recordemos la amonestación de Pablo a la iglesia de Éfeso: *"… ni den cabida al diablo"*.[24] El temor también es una descomposición del corazón. Atrae a lo demoníaco de la misma forma que la amargura y el odio. ¿Cómo supieron las moscas dónde estaba mi congelador? Por el olor de la carne descompuesta. El temor emite un olor similar. Como la fe, el temor es sustancia en el ámbito espiritual. Satanás no tiene poder alguno si nosotros no se lo acordamos.

El temor se convierte en la respuesta de nuestro corazón cuando nosotros aceptamos sus intimidatorias sugerencias.

Reaccionar o responder

Irónicamente, muchos que temieron los excesos cometidos por otros en nombre de la fe cayeron en la incredulidad. La reacción al error, con frecuencia, produce error. La respuesta a la verdad siempre gana a los que reaccionan ante el error. Algunas personas no tendrían un sistema de creencias si no fuera por los errores de otros. Sus pensamientos y enseñanzas son la antítesis de lo que otros creen y practican. Como consecuencia, quienes se esfuerzan por lograr el equilibrio se vuelven anémicos. La palabra *equilibrio* ha llegado a significar 'ni una cosa ni la otra': nada que amenace ni al diablo, ni a las personas; poco riesgo y, sobre todo... la mejor manera de mantener intacta nuestra imagen de personas agradables.

La iglesia advierte a sus miembros sobre el gran pecado de la presunción. Dios nos advierte sobre el pecado de la incredulidad. Jesús no dijo: "Cuando regrese, ¿encontraré gente excesiva y presuntuosa?". A Él le preocupaba encontrar gente de fe, la clase de fe que Él practicaba. Aunque solemos reunirnos con los que piensan como nosotros, los que tienen fe marcan a fuego un camino que amenaza todas nuestras comodidades. La fe ofende a los que se quedan estáticos.

Es incómodo vivir con una persona de gran fe. Su razonamiento es de otro mundo. Mi abuelo, que era pastor, recibió enseñanzas de varios grandes hombres y mujeres de Dios a principios del Siglo XX. Siempre me decía que no todos querían a Smith Wigglesworth. Su fe ponía incómodas a las personas. O nos volvemos como ellas, o las evitamos. Su estilo de vida nos resulta contagioso, o nos resulta ofensivo. No hay demasiado terreno neutral en estos casos. Smith es muy apreciado actualmente..., pero solo porque está muerto. Israel también amaba a sus profetas ya muertos.

La incredulidad tiene una característica notable: generalmente cumple sus propias predicciones. El descreimiento es seguro, porque no se arriesga y casi siempre recibe lo que espera. Después de recibir lo que su incredulidad esperaba, la persona siempre puede decir: "¿Ves? Te lo dije".

Una realidad superior

Mi fe no es solamente una fe basal; es una fe activa. Es agresiva por naturaleza. Tiene objetivo y propósito. La fe atrapa la realidad del Reino y, a la fuerza, violentamente, la hace colisionar contra esta realidad natural. La potestad inferior no soporta el choque.

Una de las cosas que la gente suele decirme cuando estoy por orar por su sanidad es "Sé que Dios puede hacerlo". El diablo también lo sabe. En el mejor de los casos, eso es esperanza, no fe. La fe sabe que Dios *va* a hacerlo.

Para quien tiene fe, nada es imposible. No hay imposibilidades cuando hay fe... sin excepciones.

Sheri, por ejemplo, pasó al frente a pedir oración después de una maravillosa reunión en las afueras de Nashville, Tennessee. Hacía veinticuatro años que sufría de lupus, y en los últimos cuatro, se había convertido en hipertensión pulmonar. Se había complicado tanto, que tuvieron que ponerle un tubo de derivación de aluminio en el corazón, al que iba adosada una bomba que le proporcionaba la medicación necesaria para mantenerla con vida. Su médico le había dicho que no podría vivir más de tres minutos si no contaba con esa medicación.

Cuando ella se acercó a mí, sentí la presencia de algo que no había sentido nunca en esa medida. Era fe. Retrocedí y la miré durante algunos segundos, dándome cuenta de que veía algo completamente nuevo para mí. Al recibir la oración, Sheri cayó al suelo bajo el poder de Dios. Cuando se incorporó, le pregunté cómo estaba. Me habló de un calor fuerte en su pecho. (El toque sanador de Dios suele ir acompañado de calor). Al irme, le dije: –Tu fe ganó esto.

Eso fue el sábado a la noche. A las siete de la mañana, al día siguiente, el Señor le habló a Sheri y le indicó que ya no necesitaba la medicación.[25] Así que ella se la quitó. Catorce horas más tarde, apareció dando testimonio del maravilloso poder sanador de Dios.

Desde entonces, se hizo quitar el tubo... ¡es que ya no lo necesita!

Oídos para oír

"Así que la fe viene como resultado de oír el mensaje, y el mensaje que se oye es la palabra de Cristo".[26] Observe que no dice que la fe viene por haber oído. La naturaleza de la fe implica una relación con Dios que es actual. El énfasis está puesto en oír... ¡ahora! En Génesis, Dios le dijo a Abraham que sacrificara a Isaac. Cuando Abraham levantó su cuchillo para matar a su hijo, Dios habló nuevamente, esta vez para decirle que no lo matara, ya que había aprobado el examen demostrando que estaba dispuesto a hacer cualquier cosa por Dios. Es buena cosa que la única conexión de Abraham con Dios no haya sido lo que Él le había dicho, sino que estaba basada en lo que le estaba diciendo en ese momento.

Respuestas a las imposibilidades
de la vida

Lo que este mundo necesita es que la Iglesia retorne a un mensaje que cuente y muestre el reino de Dios. Necesitan algo a qué aferrarse que sea más grande que cualquier cosa que puedan ver. El sistema mundano no tiene respuesta para los problemas, que cada vez son más; todas las soluciones son temporarias.

Dale vino a mi oficina para confesar un pecado. Vivía a gran distancia de mi cuidad, pero, dado que nos había quitado un dinero por medio de engaños, sentía la necesidad de venir a confesarse en persona. Después de expresarle mi perdón y el perdón de Dios, le pregunté por su espalda. Lo había visto entrar en mi oficina caminando con dificultad, evidentemente muy dolorido. Él levantó su camisa y me mostró dos cicatrices a ambos lados de la columna, hasta los costados. Se había roto la espalda unos años antes y hacía poco tiempo había sufrido un accidente automovilístico que había agravado el problema. Después me dijo que Dios, seguramente, hubiera querido sanarlo, pero él se había interpuesto en el camino. Le aseguré que él no era suficientemente grande como para hacer eso. La imagen que yo tenía en mi mente en ese momento era cuán diminuto es el hombre frente a la grandeza de Dios. Él me miró con expresión de sorpresa. Yo le expliqué que Dios era realmente grande, y que podía hacer todo lo que quisiera. Aunque Dale no tenía gran fe, comenzó a dudar de su duda. Eso fue suficiente. Le impuse las manos en la espalda e invité al Espíritu Santo a darle el regalo de su sanidad. Después, le ordené que fuera sano. Dale se inclinó y apoyó sus manos en el suelo, diciendo:

– ¡Pero yo no podía hacer esto!

Lo hizo varias veces más, siempre repitiendo: – ¡Yo no podía hacerlo! Salió de mi oficina sin dolor, con total libertad de movimiento y el corazón lleno de alabanza. Todo esto, en un hombre que, minutos antes, apenas podía caminar.

La fe no es ausencia de duda; es la presencia de la convicción. Quizá no sienta siempre que tengo gran fe. Pero siempre puedo obedecer, imponiendo mis manos sobre alguien y orar por él. Es un error ponerme a examinar mi fe; rara vez puedo hallarla. Es mejor que obedezca enseguida. Después que todo terminó, puedo mirar atrás y ver que mi obediencia fue producto de la fe.

"EL EFECTO BOMBARDEO"

Cuando el nivel colectivo de fe crece, se produce lo que yo llamo "el efecto bombardeo". Es cuando personas inocentes que simplemente están mirando, son tocadas por el poder milagroso de Dios.

Francis es una mujer que tenía cáncer de esófago. Un domingo por la mañana, durante la adoración, se volvió hacia su esposo y le dijo:

– ¡Acabo de ser sanada!

Sintió el fuego de Dios tocar sus manos y dedujo que eso representaba el toque sanador del Señor. Cuando fue al médico y le contó su experiencia, él le dijo:

– Esta clase de cáncer no desaparece. –Después de examinarla, tuvo que reconocer– No solo no tiene cáncer; ¡tiene un nuevo esófago!

La fe colectiva trae el cielo a la Tierra con frecuencia. El mundo de Dios se hace manifiesto a nuestro alrededor.

Sharon había sufrido un accidente hacía muchos años, en el que se había destruido un tendón que recorría su pierna. Esto había limitado mucho sus movimientos, y le había dejado una cierta insensibilidad en el pie. Un sábado por la tarde, mientras yo hacía un llamado a las personas que quisieran arreglar su relación con Dios, Sharon comenzó a hacer toda clase de ruidos. Interrumpí el llamado y le pregunté qué sucedía. Ella nos contó que sentía un cosquilleo en su pierna y que sentía que se había restaurado todo el movimiento y la sensibilidad en su pie. En esa ocasión, se produjo un milagro creativo sin que nadie orara.

No había demasiada gente en esta reunión en particular. Pero el poder no depende de la cantidad de gente que asista, sino de la cantidad de gente que se ponga de acuerdo. El "poder exponencial"[27] es producto de la unidad de la fe.

En algunas reuniones, es fácil confundir entusiasmo con fe. En esa situación, yo hago énfasis en los testimonios para estimular los corazones de las personas para que crean en lo imposible, y que Dios pueda invadirlos.

MÁS QUE GRITOS

Así como el temor es un elemento tangible en el mundo espiritual, la fe también es tangible allí. En el ámbito natural, una voz potente puede intimidar a otra persona. Pero los demonios conocen la diferencia entre aquel que es verdaderamente osado y agresivo porque tiene fe, y otro que simplemente cubre sus temores con un comportamiento agresivo.

Los cristianos suelen usar esta táctica cuando echan fuera demonios. Muchos hemos gritado amenazas, hemos invocado la ayuda de los ángeles, hemos prometido complicarles las cosas a los demonios en el Día del Juicio y otras cosas igualmente tontas para tratar de cubrir nuestra inmadurez y nuestro temor. La verdadera fe está anclada en el ámbito invisible y está relacionada con la autoridad dada en el nombre del Señor Jesucristo.

La autoridad para echar fuera demonios se halla en el reposo. El reposo es el ambiente en el que crece la fe.[28] Proviene de la paz de Dios. ¡Y es el Príncipe de Paz quien pronto aplastará a Satanás bajo nuestros pies![29] Lo que es reposado para nosotros, es violento para los poderes del infierno. Esa es la naturaleza violenta de la fe.

No debemos convertir esto en un intento del alma por aumentar nuestra autoconfianza o autodeterminación. Por el contrario, es llevar el corazón a una situación de entrega, de reposo. Un corazón rendido es un corazón de fe. Y la fe debe estar presente si deseamos agradar a Dios.

Violencia y fe

"... *hasta ahora, el reino de los cielos ha venido avanzando contra viento y marea, y los que se esfuerzan logran aferrarse a él*".[30]

Dos hombres ciegos[31] que estaban sentados junto al camino clamaron a Jesús. Los demás les dijeron que callaran, pero eso solo incrementó su determinación. Se volvieron más desesperados, y clamaron mucho más fuerte. Él los llamó y los sanó diciendo: "*El reino se ha acercado a ustedes*". Jesús atribuyó ese milagro a la fe de ellos.

Una mujer[32] que había sufrido de hemorragia durante doce años se abrió camino entre la multitud. Cuando finalmente pudo tocar el borde del manto de Jesús, fue sanada. Jesús atribuyó la sanidad a la fe de ella.

Hay muchas historias como estas, todas con finales similares: personas que fueron sanadas o liberadas a causa de su fe. La fe puede abrirse paso calladamente o clamar en alta voz, pero siempre es violenta en el mundo espiritual. Se aferra a una realidad invisible y no la suelta. Tomar el Reino por fe es el acto violento necesario para entrar en lo que Dios ha puesto a nuestra disposición.

LA FE DA PODER

Un automóvil puede tener varios cientos de caballos de fuerza. Pero el auto no va a ningún lado hasta que se suelta el embrague, se conecta la energía contenida en el motor en movimiento y se transfiere esa energía a las ruedas. Lo mismo sucede con la fe. Tenemos todo el poder del cielo detrás de nosotros. Pero es nuestra fe la que conecta lo que está disponible para nosotros con las circunstancias que vivimos. La fe toma lo que está a nuestro alcance y lo hace real.

No es ilegal tratar de aumentar nuestra fe. No está mal buscar señales y prodigios. Todos estos son derechos del creyente. Pero aprender a orar es la tarea que tenemos por delante. Es lo único que los discípulos pidieron a Jesús que les enseñara. Por ello, estudiaremos la Oración Modelo en busca de elementos que nos permitan conocer su punto de vista con respecto a la oración y la manifestación de su dominio.

NOTAS

1. Hebreos 11:1
2. Vea 2 Corintios 5:7.
3. Vea Efesios 2:8.
4. Vea Juan 3:3.
5. Vea Marcos 8:17-18.
6. Mateo 6:33.
7. Colosenses 3:2.
8. 2 Corintios 4:18.
9. Vea Salmo 22:3.
10. Vea Efesios 3:20.
11. Salmo 16:8.
12. Vea 2 Corintios 4:18.

13. Vea Romanos 1:20-21.
14. Yo interpreto la religión como forma sin poder.
15. El alma es la mente, la voluntad y las emociones.
16. Hebreos 11:3.
17. "... *la letra mata, pero el Espíritu da vida*" (2 Corintios 3:6).
18. Hebreos 11:1.
19. Romanos 10:17.
20. Marcos 16:15.
21. Vea Hechos 16.
22. Dios nunca contradice su Palabra. Pero está dispuesto a contradecir lo que nosotros entendemos de su Palabra. El principio de la Gran Comisión (Marcos 16:15) no fue anulado por la situación de Hechos 16. Dios apuntaba aquí a la aplicación que ellos hacían de ese principio.
23. Vea Santiago 3:15-16.
24. Efesios 4:27.
25. Cuando me preguntan qué hacer con respecto a la medicación, yo le digo a la persona que haga lo que en su corazón. No le serviría de nada hacer lo que yo tengo fe para hacer, o impedirle hacer algo a causa de mi falta de fe.
26. Romanos 10:17.
27. Vea Deuteronomio 32:30.
28. Vea Hebreos 3:11-4:11.
29. Vea Romanos 16:20.
30. Mateo 11:12.
31. Vea Mateo 9:27.
32. Vea Mateo 9:20-22.

Capítulo 5

OREMOS HASTA QUE BAJE EL CIELO

*"Si quieres algo de Dios, tendrás que orar hasta entrar
en el cielo. Allí está todo. Si vives en el ámbito terrenal
y esperas recibir algo de Dios, nunca recibirás nada".*[1]

*"La Iglesia ha sido negligente en una cosa:
no ha orado para que el poder de Dios salga del cielo".*[2]

La celebración del 4 de julio era el evento más importante del año en nuestra hermosa comunidad. El desfile, el rodeo y la competencia de choques de autos eran algunas de las actividades que se sucedían durante el festival, que duraba casi una semana. También había ferias, con los juegos, atracciones y comidas que son habituales en ellas.

Un año, una adivina trató de integrarse a la celebración. Armó su carpa junto a las otras y colocó sus cartas del Tarot, su bola de cristal y el resto de la parafernalia. El diablo la envió a impartir el "don" de la posesión demoníaca a los habitantes de mi ciudad. La gente de mi iglesia comenzó a orar.

Mientras caminaba alrededor de la tienda de la adivina, declaré: "Tú no existes en el cielo; no debes existir aquí. Esta es mi ciudad. Tú estás aquí ilegalmente. Te prohíbo que eches raíces aquí. Dios declaró que me ha entregado todo lugar que pisen las plantas de mis pies. Te ato a la palabra de Dios que declara que tengo autoridad sobre ti. ¡Vete!". Continué caminando alrededor de la tienda como Israel caminó alrededor de Jericó. Nada sucedió en lo natural.

No le dije estas cosas a la mujer; ni siquiera las dije en voz alta como para atraer su atención. Ella no era mi enemigo, ni mi problema. Mi objetivo era la potestad de las tinieblas, de donde ella obtenía su poder.

Mientras ella hacía sus brujerías a una pareja sentada a su mesa, me quedé del lado de afuera de la tienda, a un par de metros. Extendí mis manos hacia ellos y até el poder del infierno que buscaba su destrucción. Cuando sentí que había terminado, me fui. (Las manos que están entregadas a Dios pueden liberar el poder de Dios en una situación. En el mundo espiritual, ese poder se libera como un rayo).[3]

Aunque la feria continuó varios días más, la mujer dejó la ciudad al día siguiente. El poder que le daba influencia había sido roto, y no veía la hora de salir de allí. Fue como si las avispas de las que habla Éxodo[4] la hubieran corrido de la ciudad.

Jesús nos dio el modelo a seguir

La Oración Modelo del Señor nos da las instrucciones más claras sobre cómo traer la realidad de su mundo a este. Los generales de los avivamientos nos hablan desde el pasado, diciendo: "¡Si oras, Él vendrá!".

La oración bíblica siempre está acompañada por una obediencia extrema. La respuesta de Dios a la oración con obediencia siempre manifiesta la naturaleza del cielo en nuestras circunstancias.

El modelo de Jesús revela las únicas dos verdaderas prioridades de la oración: Primero, intimidad con Dios, expresada en la adoración: *"Santificado sea tu nombre"*. Segundo, traer su Reino a la Tierra, estableciendo su dominio sobre las necesidades de la humanidad: *"Venga tu reino"*.

Mientras nos preparamos para estudiar esta oración, quisiera destacar una idea más que nos ayudará a comprender mejor el propósito de la oración: como discípulos, somos tanto ciudadanos como embajadores de otro mundo. Este mundo es el terreno que nos ha sido asignado, no nuestro hogar. Nuestro propósito es eterno. Los recursos necesarios para completar la tarea son ilimitados. Las únicas limitaciones se encuentran en nuestra cabeza.

Examinemos la oración de Mateo 6:9-13, comenzando por lo primero:

"Padre nuestro que estás en el cielo, santificado sea tu nombre".

Llamar a Dios *Padre* es darle un título de honor y pedir una relación con Él. Lo único que necesitamos conocer para comenzar a ser verdaderos adoradores es lo que Él hizo para que pudiéramos llamarlo *Padre*. Esta es, además, una expresión de alabanza. En el libro de Apocalipsis, que, en realidad, se llama *"la revelación de Jesucristo"*[5] (¡no del Anticristo!), es obvio que la alabanza y la adoración son las actividades fundamentales del cielo. Así debe ser para el creyente aquí en la Tierra. Cuanto más vivamos como ciudadanos del cielo, más las actividades del cielo impregnarán nuestro estilo de vida.

La adoración es nuestra prioridad fundamental en el ministerio. Todo lo demás que hagamos debe estar impregnado de nuestra devoción a tal llamado. Dios habita en nuestra alabanza. Una traducción lo expresa así: *"Pero tú eres santo, tú que habitas entre las alabanzas de Israel"*.[6] Dios responde literalmente con una invasión del cielo sobre la Tierra cuando los creyentes lo adoran.

Uno de mis hijos es líder de alabanza. Cierta vez, tomó su guitarra e invitó a un amigo a adorar a Dios en el centro comercial. Después de tres horas de cantar y danzar delante del Señor, se detuvieron unos momentos. Entonces pasó un hombre por el lugar donde ellos habían estado adorando a Dios, se detuvo, metió la mano en el bolsillo, sacó un paquete de droga y lo arrojó al suelo. Nadie le dijo nada sobre su pecado. ¿Cómo sucedió esto? El cielo tocó la Tierra, y no hay drogas en el cielo.

Lo vemos habitualmente cuando nuestros equipos van a ministrar a las calles de San Francisco. Trabajamos por medio de ministerios de ayuda social y de actividades abiertamente destinadas a traer el poder sobrenatural de Dios sobre las vidas quebrantadas. La sanidad y la liberación son lo habitual. Algunas veces, esto sucede en medio de la alabanza.

A medida que la presencia de Dios se manifiesta sobre el pueblo que lo adora, aun los inconversos llegan a tener un encuentro con Dios. Mi hijo y mi hija han ministrado al Señor en las peores calles de San Francisco. A medida que la gente pasaba, hemos visto a muchos demonios manifestarse, así como a personas que estallaban en gozosas risas al entrar en la presencia del Señor.

Estas cosas no deben sorprendernos. Veamos cómo Dios responde a las alabanzas de su pueblo, según dice Isaías 42:13: *"El SEÑOR marchará como guerrero; como hombre de guerra despertará su celo. Con gritos y alaridos se lanzará al combate, y triunfará sobre sus enemigos"*.

"Venga tu reino, hágase tu voluntad en la tierra como en el cielo".

Este es el punto central de cualquier oración: si existe en el cielo, debe ser manifestado en la Tierra. Es el cristiano que ora el que desata la expresión del cielo aquí. Cuando el creyente ora de acuerdo con la voluntad revelada de Dios, la fe es específica y tiene un objetivo concreto. La fe se aferra a esa realidad. La fe persistente no se suelta. Esta invasión hace que las circunstancias de este ámbito se acomoden al cielo. Los que critican este punto de vista dicen, irónicamente: – ¡Así que tengo que orar por calles de oro!

No. Pero nuestras calles deberían ser reconocidas por la misma pureza y bendición que las del cielo: *"Nuestros bueyes estén fuertes para el trabajo; no tengamos asalto, ni que hacer salida, ni grito de alarma en nuestras plazas".*[7] Todo lo que sucede aquí debe ser una sombra del cielo. A su vez, toda revelación que Dios nos da del cielo debe convertirse en un motivo específico de oración.

¿Cuánto del cielo desea Dios que se haga manifiesto aquí en la Tierra? Nadie lo sabe con seguridad. Pero sí sabemos, por la historia de la iglesia, que es más de lo que tenemos ahora. Y sabemos por *La Biblia* que es aun más de lo que jamás ha entrado en nuestra mente.[8]

La voluntad de Dios se ve en la presencia dominante de Dios, porque *"donde está el Espíritu del Señor, allí hay libertad".*[9] Donde el Espíritu de Dios demuestra el señorío de Cristo, el resultado es libertad. Pero otra manera de decirlo es que, donde el Rey de reyes manifiesta su dominio, el fruto de ese dominio es libertad. Ese es el ámbito llamado *el reino de Dios.* Dios, en respuesta a nuestro clamor, trae su mundo al nuestro.

Por el contrario, si algo no tiene libertad para existir en el cielo, debe ser atado aquí. Una vez más, por medio de la oración, debemos ejercer la autoridad que nos ha sido dada. *"Te daré las llaves del reino de los cielos; todo lo que ates en la tierra quedará atado en el cielo, y todo lo que desates en la tierra quedará desatado en el cielo".*[10] Esto implica que solo podemos atar o desatar aquí lo que ya ha sido atado o desatado en el cielo. El cielo es nuestro modelo.

"Danos hoy nuestro pan cotidiano".

¿Acaso alguien muere de hambre en el cielo? Claro que no. Este pedido es una aplicación práctica de cómo el dominio de Dios debe manifestarse en la Tierra: provisión abundante. Los abusos de algunos en lo relativo a la prosperidad no son excusa para que abandonemos las promesas de Dios, de proveer en abundancia para sus hijos. Él se complace en hacerlo. Dado que hay completa y perfecta provisión en el cielo, lo mismo debe haber aquí. El cielo es la medida del mundo material del cristiano: suficiente para satisfacer los deseos nacidos de Dios y suficiente para *"toda buena obra".*[11] Nuestro fundamento legal para la provisión proviene del modelo celestial que nos fue dado en Cristo Jesús: *"Así que mi Dios les proveerá de todo lo que necesiten, conforme a las gloriosas riquezas que tiene en Cristo Jesús".*[12] ¿Conforme a qué? A las riquezas que Él tiene. ¿Cómo son esas riquezas? Gloriosas. Los recursos del cielo deben influir sobre nosotros aquí y ahora.

"Perdónanos nuestras deudas, como también nosotros hemos perdonado a nuestros deudores".

¿Hay algo no perdonado en el cielo? ¡No! El cielo es el modelo para nuestras relaciones aquí en la Tierra. *"Más bien, sean bondadosos y compasivos unos con otros, y perdónense mutuamente, así como Dios los perdonó a ustedes en Cristo. Por tanto, imiten a Dios, como hijos muy amados".*[13] Estos versículos dejan bien en claro que nuestro modelo es Jesucristo..., aquel que ascendió a la diestra del Padre..., aquel cuyo Reino buscamos. Una vez más, esta oración ilustra una forma práctica de orar para que la realidad del cielo produzca efecto en el planeta Tierra.

"Y no nos dejes caer en tentación, sino líbranos del maligno".

No hay tentación ni pecado en el cielo. Tampoco hay ninguna presencia del mal. Mantenernos separados del mal es una evidencia práctica de que estamos bajo el gobierno del Rey. Esta oración no implica que Dios desee tentarnos, ya que, según sabemos por Santiago 1:13, es imposible que Dios nos engañe para hacernos caer en pecado. Esta clase de oración es importante porque requiere que reconozcamos que necesitamos la gracia. Nos ayuda a acomodar nuestro corazón al cielo, en absoluta dependencia de Dios. El reino de Dios nos da el modelo para los asuntos del corazón. Esta oración es, en realidad, un pedido para que Dios no nos lleve más allá de lo que nuestro carácter puede manejar. A veces, nuestra unción y nuestros dones están preparados para una mayor responsabilidad, pero nuestro carácter, no.

Cuando somos "ascendidos" demasiado pronto, el impacto de nuestro don provoca una notoriedad que se convierte en camino propicio para nuestra caída.

La frase *líbranos del mal*, como suele traducirse, significa, en realidad, *líbranos del maligno*. Un corazón conforme al cielo tiene gran éxito en la guerra espiritual. Por eso dice: "*Sométanse a Dios. Resistan al diablo, y él huirá de ustedes*".[14]

Jesús podía decir: "El diablo no tiene nada en mí". El creyente debe estar totalmente libre de cualquier influencia del diablo o conexión con él. Ese es el clamor que expresa esta oración.

"Porque tuyos son el reino y el poder y la gloria para siempre.
Amén".

El reino de Dios es posesión suya, por lo cual, solo Él puede dárnoslo a nosotros.[15] Cuando proclamamos esa realidad, hacemos una declaración de alabanza. A lo largo de *La Biblia*, escuchamos declaraciones de alabanza similares a esta que contiene la Oración Modelo, que expresa que todo el poder y la gloria pertenecen a Dios.

Una de las enseñanzas más importantes que he recibido en mi vida me la dio Derek Prince hace unos treinta años. Fue un maravilloso mensaje sobre la alabanza. En ese mensaje, Derek sostenía que, si solo tenemos diez minutos para orar, debemos pasar aproximadamente ocho de ellos alabando a Dios. Es increíble todo lo que podemos pedir en los otros dos minutos que nos quedan. Esa ilustración me ayudó a reforzar la prioridad de la adoración que aprendía de mi pastor (mi papá).

Lo repito: esta oración tiene dos objetivos: 1) Ministrar a Dios partiendo de una relación personal e íntima con Él. 2) Traer la realidad de su gobierno –el Reino– a la Tierra.

Un bosquejo de Mateo 6:9-13 nos presenta la perspectiva del Reino sobre la oración:

1. Alabanza y adoración.
2. Orar para que el cielo venga a la Tierra.
   a. El efecto del cielo sobre las necesidades materiales.
   b. El efecto del cielo sobre las relaciones interpersonales.
   c. El efecto del cielo sobre nuestra relación con el mal.
3. Alabanza y adoración.

"Busquen primeramente el reino de Dios y su justicia,
y todas estas cosas les serán añadidas".[16]

Claro, este versículo no está en la Oración Modelo que Jesús nos dio en los versículos 9 al 13. Pero está en el contexto de su mensaje general sobre el Reino, en el Sermón del Monte. En él, Jesús establece la prioridad que resume todos los valores y los objetivos cristianos. ¡Busquen primero su Reino! Comprender esta oración nos ayuda a comprender la meta que Dios tiene para la oración: que el señorío de Jesús se vea en todas las circunstancias de la vida. Cuando el reino de Dios confronta el pecado, se otorga el perdón, y la naturaleza que solo sabía pecar, cambia. Cuando el gobierno de Dios colisiona con la enfermedad, las personas son sanadas. Cuando choca contra los endemoniados, ellos son liberados. La naturaleza del mensaje del Reino brinda salvación al hombre completo: espíritu, alma y cuerpo. Ese es el evangelio de Jesucristo.

Siempre me ha parecido que esa frase: *"... y todas estas cosas les serán añadidas"* significaba que, si mis prioridades eran correctas, Él se iba a asegurar de que yo recibiera todo lo que necesitaba. Después de comprender mejor la Oración Modelo, no estoy tan seguro de que signifique eso. Él dice que, si buscamos primero su Reino, descubriremos que ese Reino viene totalmente equipado: trae con él la respuesta de Dios a todas nuestras necesidades materiales y relacionales, y ayuda para nuestra lucha contra el mal.

Una nueva franquicia

Supongamos que yo tengo un restaurante muy exitoso y usted desea comprarme la franquicia de ese restaurante. Al comprarla, invertiría su dinero para conseguir el nombre del restaurante y todo lo que conlleva: menús, diseños únicos, programa de administración, calidad de entrenamiento para los trabajadores. Usted debería seguir una serie de pautas preestablecidas en el restaurante original. Debería pintar el nuevo restaurante con los mismos colores, amueblarlo de la misma manera y usar el mismo diseño en los menús. El manual de políticas para empleados y administradores sería copiado del original. Básicamente, yo impondría el restaurante original en cada lugar donde se estableciera una franquicia, de modo que todas fueran iguales.

Cuando oramos para que venga el reino de Dios, estamos pidiendo que Él imponga sus reglas, su orden y los beneficios de su mundo sobre este, hasta que este mundo sea igual al suyo. Eso es lo que sucede cuando los enfermos son sanados o los endemoniados son liberados. Su mundo colisiona con este mundo de tinieblas, y el mundo de Dios siempre gana. Nuestra batalla es, siempre, una batalla por el dominio; un conflicto de poderes.

Creados para gobernar

Fuimos creados para tener intimidad. De esa intimidad surge nuestra comisión para gobernar. Tenga en cuenta que Dios considera el gobierno de manera diferente que nosotros. Nosotros gobernamos por medio del servicio. Muchos han cometido el error de pensar que los cristianos deben ser los líderes de todas las empresas, los gobiernos y departamentos. Por agradable que esto nos parezca, en realidad es una consecuencia de la verdadera meta. La semejanza a Cristo –excelencia con humildad– es la verdadera meta. El Señor es quien nos "asciende". Si pasáramos más tiempo adecuando nuestro corazón al Reino, tendríamos a más personas en lugares de liderazgo.

La oración es la actividad más sencilla que puede realizar el creyente. De hijo a Padre... de amado a amado... una conversación... a veces, con palabras. La oración es, también, una de las actividades más complicadas. No hay fórmulas para esta relación del Reino.

El honor que tenemos al poder orar supera cualquier posibilidad de comprensión. Somos sus representantes en la Tierra, embajadores de su mundo. Nuestros clamores, todos, tocan su corazón.

ORACIÓN: ESENCIAL

La intimidad es el propósito principal de la oración. Y es por medio de la relación que Dios nos confía los secretos de su corazón para que los expresemos en oración. Eso es lo que hizo con Simeón y Ana cuando los motivó a orar por la venida del Mesías mucho antes que Él naciera.[17] Aun el regreso del Señor será precedido por la declaración de la esposa: *"El Espíritu y la novia dicen: «¡Ven!»"*.[18]

Si estas cosas fueran a suceder de todos modos, ¿cuál sería el propósito de la oración? Dios, aparentemente, ha decidido imponerse a sí mismo una restricción: actuar en los asuntos de los hombres en respuesta a la oración.

Dios ha decidido trabajar por medio de nosotros. Somos su autoridad delegada en el planeta Tierra, y la oración es el vehículo que utiliza para invadirlo. Quienes no oran, permiten que las tinieblas continúen gobernando. El enemigo dedica sus mayores esfuerzos a engañar a la iglesia con respecto al propósito y los efectos de la oración.

REPRESENTANTES DE OTRO MUNDO

"Nosotros somos ciudadanos del cielo, de donde anhelamos recibir al Salvador, el Señor Jesucristo".[19] Pablo escribió estas palabras a la iglesia de Filipos, una ciudad romana en Macedonia. Esta ciudad gozaba de una cultura romana, y del gobierno y la protección del gobierno romano, al tiempo que estaba situada en Macedonia. Los filipenses entendían bien la expresión de Pablo sobre ser ciudadanos

de otro mundo. Pablo no hablaba de ir al cielo algún día, sino de vivir como ciudadanos del cielo hoy mismo... específicamente, *del cielo a la Tierra.*[20]

Tenemos el privilegio de representar al cielo en este mundo para poder traer la manifestación del cielo a este mundo.

Cómo se vive en la embajada

Como embajadores que somos, vivimos en un mundo representando a otro. Una embajada es la sede de un embajador y su personal. De hecho, es considerada una parte de la nación que representa. Lo mismo sucede con el creyente/embajador. *La Biblia* promete: *"Yo les entregaré a ustedes todo lugar que toquen sus pies".*[21]

Así como los embajadores de los Estados Unidos tienen un ingreso basado en el estándar de vida de su país, sea cual fuere el país en el que ellos trabajan, de la misma manera, los embajadores del reino de Dios viven de acuerdo con la economía del cielo, aunque aún estén en la Tierra. Todos los recursos de nuestro Rey están a nuestra disposición para que cumplamos su voluntad. Por ello es que Jesús podía hablar de una vida sin preocupaciones: *"Fíjense en las aves del cielo".*[22]

Dado que soy embajador, los militares del Reino al que represento están a mi disposición para ayudarme a cumplir las órdenes del Rey. Si, siendo un representante de mi nación, mi vida se ve amenazada, todos los ejércitos de mi gobierno están preparados para hacer lo que sea necesario para protegerme y liberarme. Lo mismo sucede con las huestes angelicales, que ayudan a quienes heredarán la salvación.[23]

Esta "mentalidad de embajador" es lo primero que aprendí de Winkey Pratney. Cuando él sube a un avión, siempre recuerda que, así como otros representan a firmas como IBM o Xerox, él está allí en representación de otro mundo. Ya hace treinta años que sigo su ejemplo y practico este principio, que me ha ayudado a mantener una perspectiva clara del propósito eterno de cada viaje.

¿INTERCESIÓN O SESIÓN DE QUEJAS?

Una de las mejores formas de perder los deseos de orar es observar a algunos que lo hacen. Muchos que se llaman intercesores viven en depresión. No quiero minimizar el efecto genuino de la carga del Señor que cae sobre nosotros cuando oramos eficazmente; es real y necesaria. Pero muchos que dicen ser intercesores, pero no han aprendido a "soltar las cosas" en oración, promueven un estilo de vida inestable. La carga, si es del Señor, siempre tiene un propósito. Confieso que yo mismo aprendí esto a los golpes.

Desde muy pequeño, me enseñaron la importancia de la oración. Mi pastor de jóvenes, Chip Worthington, me mantenía a raya con sus enseñanzas, así como con los libros que me daba para leer.

Yo pasaba mucho tiempo orando, y continué con esa prioridad al entrar en la vida adulta. Pero mi oración, con frecuencia, estaba concentrada en mi propia espiritualidad… o, mejor dicho, la falta de ella. Me levantaba temprano, y oraba hasta tarde por la noche. Dios honró ese sacrificio que yo hacía, pero mis victorias personales no coincidían con mis prolongados tiempos de oración. Por el contrario, parecían estar más vinculados a mis actos de fe. Debido a que continuaba concentrado en mí mismo, había pocas victorias que pudiera relacionar directamente con mis oraciones.

Orar intensamente no siempre es señal de verdadera intercesión. Muchos no saben distinguir entre la carga de su propia incredulidad y la carga que nos pone el Señor. Ahora, yo oro hasta que llego a un punto de fe para esa situación en particular.[24] Cuando esto sucede, cambia mi perspectiva sobre el problema y comienzo a verlo desde el punto de vista del cielo. También cambia mi rol. En lugar de pedir a Dios que invada mis circunstancias, ordeno a los montes que se muevan en su nombre. Es a partir de este punto de fe (o reposo) que descubro mi rol como "orador".

Ore hasta que se produzca una ruptura. Después, ejerza la autoridad que nos ha sido dada para ejecutar la voluntad de Dios en las circunstancias que lo rodean.

La tormenta perfecta

Jesús estaba durmiendo en medio de una tormenta mortal. Los discípulos lo despertaron porque temían morir. Él ejerció su autoridad y desató paz sobre la tormenta. Era la paz del cielo la que le permitía dormir. Y fue esa misma paz la que doblegó la tormenta. Solo tenemos autoridad sobre las tormentas si podemos dormir en medio de ellas.

Si estoy lleno de ansiedad por una situación determinada, es difícil para mí desatar paz sobre ella, porque solo puedo dar lo que tengo. La autoridad funciona a partir de la paz del cielo.

Aun después de que los discípulos recibieron la respuesta a su oración –la tormenta se calmó–, Jesús les preguntó por qué tenían tan poca fe. Para la mayoría de nosotros, una respuesta a la oración significa la recompensa por nuestra gran fe. En este caso, ellos recibieron la respuesta, pero Jesús les dijo que tenían poca fe. Él esperaba que ejercieran la autoridad que Él les había dado para aquietar el mar ellos mismos, pero, en cambio, los discípulos le pidieron a Él que lo hiciera. Con frecuencia, oramos en lugar de arriesgarnos a obedecer.

Además...

La teología correcta, por sí sola, no nos ha permitido completar la comisión que Jesús nos dio hace dos mil años. La Gran Comisión no se ha cumplido gracias a nuestros vastos recursos de dinero y personal. Para ver la clase de resultados que Jesús obtenía, debemos recurrir a quien Jesús recurrió: el Espíritu Santo. Este don especial es el tema del próximo capítulo. Allí veremos cómo el ámbito del Espíritu es el ámbito de su Reino.

--- NOTAS ---

1. Albert Hibbert, sobre Smith Wigglesworth: *The Secret of His Power* [El secreto de su poder], Tulsa, OK, Harrison House, Inc., 1982, pág. 47.

2. John G. Lake, *His Sermons, His Boldness of Faith* [John G. Lake: Sus sermones, su osada fe], Ft. Worth, TX, Kenneth Copeland Publications, 1994, pág. 313.

3. Vea Habacuc 3:2-4.

4. Vea Éxodo 23:28.

5. Vea Apocalipsis 1:1.

6. Salmo 22:3, (RVR 60).

7. Salmo 144:14, (RVR 60).

8. Vea 1 Corintios 2:9-10 y Efesios 3:20-21.

9. 2 Corintios 3:17.

10. Mateo 16:19.

11. 2 Corintios 9:8.

12. Filipenses 4:19.

13. Efesios 4:32-5:1.

14. Santiago 4:7.

15. Vea Lucas 12:32.

16. Mateo 6:33.

17. Lucas 2:25-38.

18. Apocalipsis 22:17.

19. Filipenses 3:20.

20. Hablaré sobre este tema más adelante en el libro.

21. Josué 1:3.

22. Vea Mateo 6:26.

23. Vea Hebreos 1:14.

24. Algunas veces, la situación es más de lo que podemos solucionar con una sola oración. Obviamente, debemos continuar sembrando en esa necesidad de oración. Pero no sirve a nadie hacerlo bajo una nube de incredulidad.

∞

Capítulo 6

EL REINO Y EL ESPÍRITU

*Les aseguro que entre los mortales no se ha levantado
nadie más grande que Juan el Bautista; sin embargo,
el más pequeño en el reino de los cielos es más grande
que él.*[1]

Juan el Bautista era la marca a alcanzar para todos en el Antiguo Pacto. Pero, en esta era, aun el más pequeño nació para sobrepasarlo por su relación con el Espíritu Santo.

Los miembros de nuestra iglesia y los alumnos de la Escuela de Ministerio Sobrenatural Bethel suelen practicar este privilegio.

Un alumno llamado Jasón estaba pidiendo su comida en un restaurante de comidas rápidas. No contento con hablar de Cristo solo con quienes estaban tras el mostrador, comenzó a hablar con tres hombres que estaban en su vehículo, junto a la ventana de pedidos para llevar en auto. Después de recibir su pedido, Jasón salió y vio que estos hombres habían estacionado para comer. Reinició su conversación con ellos y vio que el hombre del asiento trasero tenía una pierna rota. Así que se subió al auto con ellos e invitó al Espíritu Santo a hacerse presente…, y Él lo hizo. El hombre comenzó a decir palabrotas. No entendía el "fuego santo" que sentía en su pierna. Todos salieron del auto de un salto, y el hombre herido se quitó el aparato ortopédico y dio un pisotón en el suelo. ¡Estaba completamente sano! Los tres quedaron tan tocados por la bondad de Dios que abrieron el baúl de su auto, que estaba lleno de drogas ilegales, las arrojaron al pavimento y bailaron sobre ellas hasta que las destruyeron. Jasón llevó a los tres hombres a la Casa de Alabastro, nuestra casa de oración que está abierta las 24 horas, y los guió a los pies de Cristo. La bondad de Dios los llevó al arrepentimiento. Esta es la vida cristiana normal.

El Espíritu Santo es el agente del cielo que hace posibles este tipo de encuentros. No solo eso: Él los convierte en algo habitual para quienes quieren seguirlo.

La nueva marca

Jesús establece una nueva marca al decir que Juan el Bautista fue el más grande de todos los profetas del Antiguo Testamento. Juan no hizo ningún milagro, que nosotros sepamos. Su ministerio fue gloriosamente necesario, pero no es de los que normalmente compararíamos con los de profetas más espectaculares, como Elías o Daniel. Pero el que todo lo sabe, dice que él fue el mayor. Este pasaje contiene una verdad que nos ayuda a ver nuestro potencial desde la perspectiva del cielo. Es una verdad tan maravillosa que todo el infierno ha fijado como prioridad impedirnos comprender su simplicidad.

Con esto en mente, llega una noticia aún más sorprendente: el más pequeño en el reino de los cielos es más grande que Juan. Jesús no quiso decir que la gente que está en el cielo es mayor que Juan. Tal afirmación no tendría sentido. Él hablaba de un ámbito de vida que pronto iba a estar al alcance de todos los creyentes. Juan profetizó la venida de Cristo y llegó a confesar su necesidad personal de esa venida.

"Yo los bautizo a ustedes con agua para que se arrepientan.
Pero el que viene después de mí es más poderoso que yo,

y ni siquiera merezco llevarle las sandalias.
Él los bautizará con el Espíritu Santo y con fuego".[2]

"Un día Jesús fue de Galilea al Jordán para que Juan lo bautizara.
Pero Juan trató de disuadirlo. —Yo soy el
que necesita ser bautizado por ti".[3]

Juan confesó su necesidad personal del bautismo de Jesús. Ninguno de los profetas del Antiguo Testamento, y ni siquiera Juan, tenía lo que iba a ser ofrecido al "menor de los santos". Es el bautismo en el Espíritu Santo, que se convirtió en la meta de Dios para toda la humanidad.

El bautismo en el Espíritu Santo nos acerca un estilo de vida al que ni siquiera Juan el Bautista tuvo acceso. Jesús nos hace desear este estilo de vida por medio de su ejemplo, y luego nos da la promesa de que lo tenemos a nuestro alcance.

UNA META FINAL

Hay una diferencia entre metas inmediatas y metas finales. El éxito en una meta inmediata hace posible alcanzar una meta final. Pero fracasar en el logro de lo inmediato nos impide alcanzar la meta final.

Los que juegan bolos lo saben bien. Cada pista no solo tiene diez bolos al final, sino también ciertos marcadores en la misma pista. Un buen jugador sabe cómo rueda la bola cuando es lanzada por su mano. Los jugadores apuntan a una marca en la pista como meta inicial, aunque no reciban puntos por alcanzarla. Los puntos solo se obtienen cuando se toca la meta final: los bolos que están al fondo de la pista.

Así también, la salvación no era la meta final de la venida de Cristo. Era la meta inmediata; la marca en la pista. Si no se lograba la redención, no había esperanza para la meta final, que era llenar a cada persona nacida de nuevo con el Espíritu Santo. El deseo de Dios es que el creyente desborde de Él, que estemos *"llenos de la plenitud de Dios"*.[4] La llenura del Espíritu resultante fue diferente de lo que cualquier persona hubiera experimentado jamás. Por esa razón, el mayor de los profetas del Antiguo Testamento pudo confesar que necesitaba ser bautizado por Jesús, lo cual significaba que necesitaba ese bautismo, precisamente el bautismo que se le había encomendado anunciar.

El bautismo en el Espíritu Santo pone a nuestro alcance un estilo de vida al que ni siquiera Juan tenía acceso. Pensemos esto: podríamos viajar fuera de este planeta, en cualquier dirección, a la velocidad de la luz (aproximadamente 300.000 km/segundos), durante miles de millones de años, sin llegar a nada que no sepamos ya que existe. Y todo eso cabe en la palma de la mano de Dios. Ese es el Dios que quiere llenarnos de su plenitud. ¡Cómo cambia esto la perspectiva!, ¿verdad?

UNA IMAGEN DEL ANTIGUO TESTAMENTO

Israel salió de Egipto cuando la sangre de un cordero fue derramada y aplicada a los dinteles de sus puertas. De la misma manera, nosotros fuimos liberados cuando la sangre de Jesús fue aplicada a nuestras vidas. Los israelitas pronto llegaron al Mar Rojo. El hecho de atravesar ese cuerpo de agua se llama "el bautismo de Moisés".[5] De la misma manera, nosotros nos encontramos con las aguas del bautismo después de nuestra conversión. Cuando los judíos finalmente entraron en la Tierra Prometida, entraron atravesando un río; otro bautismo.

Este bautismo no era una forma de separarse del pecado. Esto quedó ilustrado cuando salieron de Egipto. Este nuevo bautismo los llevaba a una forma de vida diferente. Por ejemplo: lucharon al costado del río donde estaba el desierto, y ganaron. Pero una vez que cruzaron el río Jordán, las guerras iban a ser libradas de forma muy diferente. Ahora, debían marchar alrededor de una ciudad en silencio durante días, hasta que un día, alzarían su voz en un grito hasta ver caer los muros.[6] Más tarde, tendrían el desafío de enviar al coro al frente de batalla primero.[7] Recordemos también la ocasión en que Dios envió intencionalmente a treinta mil soldados de vuelta a sus casas para poder librar una batalla con trescientos soldados que blandían antorchas y soplaban trompetas.

Él hace posible la Tierra Prometida, y nosotros pagamos el precio por vivir allí. Él nos da su bautismo de fuego si le damos algo que valga la pena quemar.

Este bautismo en el Espíritu Santo es el cumplimiento de la imagen del Antiguo Testamento de la entrada a la Tierra Prometida. Supongamos que los hijos de Israel hubieran decidido cruzar el Jordán, pero se contentaron con vivir en sus orillas; no habrían cumplido el propósito por el que cruzaron el río. Había naciones que debían destruir, y ciudades para poseer. Contentarse con menos de lo que Dios tenía en sus propósitos para ellos hubiera significado aprender a vivir con el enemigo. Eso es lo que sucede cuando un creyente es bautizado en el Espíritu Santo, pero nunca va más allá de hablar en lenguas. Cuando nos quedamos satisfechos con algo menos que el propósito final de Dios –el dominio–, aprendemos a tolerar el mal en algunas áreas de nuestra vida. Por glorioso que sea el don de lenguas, es solo un punto de entrada para una vida de poder. Ese poder nos ha sido dado para desposeer a las fortalezas del infierno y tomar posesión para la gloria de Dios.

El Reino viene en poder

"Algunos de los aquí presentes no sufrirán la muerte sin antes haber visto el reino de Dios llegar con poder".[8]

Cada vez que esto se menciona en los evangelios, es seguido por el incidente del monte de la Transfiguración. Algunos consideran que esto significa que lo que sucedió a Jesús en ese monte fue que el Reino llegó en poder. Pero si eso fuera así, ¿por qué Jesús tendría que hacer énfasis en que algunos no iban a morir hasta que vieran al Reino venir en poder? Jesús hablaba de algo mucho más grande. Habló de la "promesa del

Padre" que iba a llegar; el hecho que nos iba a revestir de poder de lo alto: el bautismo en el Espíritu Santo.

Por alguna razón, siempre pensé que el bautismo en el Espíritu Santo era un acontecimiento que se daba una sola vez, en el que yo recibía mi lenguaje de oración, y eso era todo. *La Biblia* enseña otra cosa. En Hechos 2, vemos a ciento veinte personas ser bautizadas en el Espíritu Santo en el aposento alto. Pero en Hechos 4, encontramos que algunas de esas personas son nuevamente llenas. Algunos lo han expresado así: un bautismo, muchas llenuras. ¿Por qué? ¡Porque tenemos fisuras!

En la década pasada, Rodney Howard-Browne lideró un avivamiento que se manifestó en Toronto y Pensacola. Las personas viajan de todas partes del mundo hasta estos "pozos" de donde pueden sacar agua para saciar su sed de más. En algunos lugares, hacen largas filas esperando oración. En otros, se agolpan en el frente del santuario, esperando que alguien sea usado por Dios para imponer las manos sobre ellos. Los que critican, dicen que esto es una mera búsqueda de bendiciones y nada más. Personalmente, dado que la bendición de Dios es mi pasión, no me molesta que haya personas que vuelvan vez tras vez para recibir otra bendición. Yo necesito la bendición de Dios. El problema no es recibir más de la bendición de Dios, sino negarnos a entregar a otros la bendición que hemos recibido.

El tiempo que pasamos recibiendo oración se ha convertido en una herramienta que Dios utiliza para llenar a su pueblo con más de Él mismo. Se ha convertido en un método para ese maravilloso momento de impartir bendición.

EL REINO, ÁMBITO DEL ESPÍRITU

"En cambio, si expulso a los demonios por medio del Espíritu de Dios, eso significa que el reino de Dios ha llegado a ustedes".[9]

Preste atención a esta frase: *"por medio del Espíritu de Dios, [...] el reino"*. El Espíritu Santo abarca el Reino. Aunque no son lo mismo, son inseparables. El Espíritu Santo hace cumplir el señorío de Jesús, marcando su territorio con libertad.[10] El dominio del rey se hace evidente por medio de su obra.

La segunda parte de este versículo revela la naturaleza del ministerio. Un ministerio ungido provoca la colisión de dos mundos: el mundo de las tinieblas y el mundo de la luz. Este pasaje demuestra la naturaleza de la liberación. Cuando el reino de Dios viene sobre alguien, los poderes de las tinieblas se ven obligados a salir.

Cuando se enciende una luz, las tinieblas desaparecen. No hay debate. No continúa oscuro por unos minutos hasta que gana la luz. La luz es tan superior a las tinieblas que su triunfo es inmediato.

El Espíritu Santo no tiene heridas de batalla. No tiene marcas que le hayan dejado los príncipes demoníacos luchando por el primer lugar. Jesús es Señor, y punto. Quienes aprenden a trabajar con el Espíritu Santo hacen que la realidad de su mundo (su dominio) colisione con los poderes de las tinieblas que tienen influencia sobre una persona o situación. Cuanto mayor es la manifestación de la presencia del Espíritu, más rápida es la victoria.

EL VALOR DE SU PRESENCIA

Por lejos, el mayor regalo que hayamos recibido jamás es el Espíritu Santo mismo. Quienes descubren el valor de su presencia tienen acceso a una intimidad con Dios que nunca hubieran soñado posible. De esta vital relación brota un ministerio de poder que antes solo era fantasía. Lo incomprensible se hace posible porque Él está con nosotros.

"Estaré contigo" es una promesa que Dios hizo a todos sus siervos. Moisés la escuchó cuando enfrentaba el desafío de librar a Israel de Egipto.[11] Josué la recibió cuando guió a Israel para entrar en la Tierra Prometida. Cuando Gedeón recibió el llamado de Dios para ser libertador de Israel, Dios lo selló con la misma promesa.[13] En el Nuevo Testamento,

Dios la extendió a todos los creyentes a través de la Gran Comisión.[14] La promesa nos llega cuando Dios nos requiere algo que es humanamente imposible. Es importante destacar esto: Es la presencia de Dios la que nos relaciona con lo imposible. Yo les digo a los hermanos: "Él está en mí por mi causa, y está sobre mí por la causa de ustedes". ¡Su presencia hace que sea posible cualquier cosa!

Dios no necesita tratar de hacer cosas sobrenaturales. Él *es* sobrenatural. Lo único que podría hacer, sería intentar *no* serlo. Si lo invitamos a intervenir en una situación, debemos esperar nada menos que una invasión sobrenatural.

SU PRESENCIA EN NUESTRAS SOMBRAS

Parte del privilegio del ministerio es aprender a manifestar el Espíritu Santo en un lugar. Cuando fui pastor en Weaverville, California, la oficina de nuestra iglesia estaba en el centro de la ciudad, frente a un bar y al lado de otro. Esta área céntrica era el nudo comercial de todo el condado; ¡perfecto para la oficina de una iglesia!

No es bueno que los cristianos traten de hacer negocios solo con otros cristianos. Nosotros somos sal y luz. ¡Brillamos más en los lugares oscuros! Me encantan los negocios y la gente de negocios, y tengo un genuino interés en que logren el éxito. Antes de entrar en un comercio, suelo orar para que el Espíritu Santo se manifieste en ese lugar a través de mí. Si necesito algo que está en un extremo del comercio, entro por el otro lado para poder orar mientras lo cruzo. En la medida que aprendí a permitir que la presencia del Señor se manifieste en lugares públicos, se me han presentado muchas oportunidades para ministrar.

Las personas tendían a los enfermos en las calles, con la esperanza de que la sombra de Pedro cayese sobre ellos y fueran sanados.[15] Pero no era la sombra de Pedro la que daba sanidad. La sombra no tiene sustancia. Pedro era cubierto por la sombra del Espíritu Santo, y era esa presencia la que producía los milagros. La unción es una expresión de la persona del Espíritu Santo. Él es tangible. Hubo momentos en el ministerio de Jesús, en que todas las personas que tocaban su manto eran sanadas o liberadas.[16] La unción es sustancia. Es la presencia real del Espíritu Santo, y Él puede manifestarse a nuestro alrededor.

RESURRECCIÓN EN ÁFRICA

El pastor Surprise es un líder apostólico que trabaja con Rolland y Heidi Baker, de Iris Ministries, en Mozambique. Durante una cruzada evangelística en la que estaba predicando este pastor, murió una niñita de 9 años, hecho que amenazaba con poner fin a la serie de reuniones. Toda la aldea estaba embargada por la tristeza. Al día siguiente, el pastor fue a visitar a la familia, y el cuerpo de la niña estaba aún en la choza donde había muerto la noche anterior. Mientras oraba por ella, el pastor tomó la mano de la niña. No oró para que ella resucitara, pero unos minutos después, la niña le apretó la mano. Esta jovencita fue resucitada doce horas después de haber muerto porque el poder de resurrección de Jesús desbordó de un hombre lleno del Espíritu Santo que trataba de consolar a la familia.

Una botella no está completamente llena hasta que rebosa. Lo mismo sucede con el Espíritu Santo. La llenura se mide por lo que desborda. Cuando nos ocupamos solo de nosotros mismos, restringimos el flujo del Espíritu Santo. Nos convertimos en el Mar Muerto, en el que entra agua, pero nada sale, y nada puede vivir en sus aguas estancadas. El Espíritu Santo se libera por medio de la fe y la compasión… y la fe y la compasión nunca son egoístas.

SIGAMOS AL LÍDER AUNQUE
SE SALGA DEL MAPA

La historia nos da una lección de un gran líder militar. Alejandro Magno guió a sus ejércitos en victoria tras victoria, y su deseo de conquistas cada vez mayores lo llevó hasta el pie de los montes Himalaya. Alejandro deseaba cruzar esas intimidatorias montañas, pero nadie sabía qué había del otro lado. Los líderes militares estaban preocupados por la visión de su jefe. ¿Por qué? Porque habían llegado hasta el extremo del mapa; no había mapa de este nuevo territorio que Alejandro deseaba poseer. Estos jefes debían tomar una decisión: ¿estarían dispuestos a seguir a su líder fuera del mapa, o se contentarían con vivir dentro de los límites? Ellos decidieron seguir a Alejandro.

Seguir la guía del Espíritu Santo puede llevarnos a enfrentar el mismo dilema. Aunque Él nunca contradice su Palabra, no tiene ningún problema en contradecir la forma en que nosotros la entendemos. Quienes se sienten seguros debido a su concepción intelectual de las Escrituras disfrutan de una falsa sensación de seguridad. Ninguno de nosotros comprende totalmente *La Biblia*, pero todos tenemos al Espíritu Santo. Él es nuestro denominador común, que siempre nos guiará a la verdad. Pero, para seguirlo, debemos estar dispuestos a salirnos del mapa, a ir más allá de lo que conocemos. Para hacerlo con éxito, debemos reconocer su presencia por sobre todo.

Hay una gran diferencia entre la forma en que Jesús ministraba y la forma en que se ministra generalmente hoy en día. Jesús dependía completamente de lo que el Padre hacía y decía. Y lo demostró con su vida después de ser bautizado en el Espíritu Santo. Él seguía la dirección del Espíritu Santo, aun cuando parecía poco razonable (lo cual era muy frecuente).

La iglesia ha vivido demasiado según la visión intelectual de *La Biblia*, sin influencia del Espíritu Santo. Tenemos programas e instituciones que no requieren en nada del Espíritu Santo para sobrevivir. De hecho, gran parte de lo que llamamos ministerio no tiene nada que asegure que Él está presente. Cuando no nos concentramos en la presencia de Dios, acabamos haciendo nuestro mejor esfuerzo por Dios. Nuestras intenciones pueden ser muy nobles, pero no tienen poder.

Cuando Jasón comenzó a hablar del evangelio a través de la ventana en ese restaurante de comidas rápidas, estaba actuando "fuera del mapa". Pero lo que hizo, dio fruto para el Rey.

COMPASIÓN Y MANIFESTACIÓN
DE LA PRESENCIA

Jesús solía sanar después de sentirse conmovido. Con frecuencia, detecto la guía del Espíritu Santo cuando reconozco su afecto por otra persona. Sentirse atraído por compasión a otra persona generalmente significa que habrá alguna clase de ministerio sobrenatural para ella, ya sea una palabra de aliento o un milagro de sanidad o liberación. Amar a las personas siempre ha sido el plan de Cristo, y cuando le entrego mis propios planes a Dios, puedo recibir los suyos.

El Espíritu Santo es el agente invasor del cielo. En el próximo capítulo veremos por qué su presencia aterra a los poderes del infierno.

NOTAS

1. Mateo 11:11.
2. Mateo 3:11.
3. Mateo 3:14.
4. Efesios 3:19.
5. 1 Corintios 10:2.
6. Josué 6.
7. 2 Crónicas 20:21.
8. Marcos 9:1.
9. Mateo 12:28.
10. 2 Corintios 3:17.
11. Éxodo 3:12.
12. Josué 1:9.
13. Jueces 6:16.
14. Mateo 28:19.
15. Hechos 5:15.
16. Marcos 6:56.

Capítulo 7

LA UNCIÓN Y EL ESPÍRITU DEL ANTICRISTO

Cristo *no es el apellido de Jesús. La palabra* Cristo
significa el ungido *o* Mesías. *Es un título que señala*
una experiencia. No era suficiente que Jesús fuera
enviado del cielo a la Tierra con un título. Tenía que
recibir la unción en una experiencia para lograr lo que
el Padre deseaba.

L
a palabra unción significa 'untar'. El Espíritu Santo es el aceite
de Dios que fue untado sobre Jesús en su bautismo en agua.[1] El
nombre Jesucristo implica que Jesús es Aquel que fue untado
con el Espíritu Santo.

Pero hay otro espíritu que trabaja para emboscar a la iglesia en todas las épocas. Este poder fue identificado por el apóstol Juan cuando
dijo: "… *muchos son los anticristos que han surgido ya*".[2] La naturaleza
de ese espíritu del anticristo se descubre en su nombre: *anti* = contra;
Cristo = ungido.

Jesús vivió su vida terrenal con limitaciones humanas. Dejó a un
lado su divinidad[3] para cumplir la tarea que le había encomendado

el Padre: vivir la vida como un hombre sin pecado, y luego morir en lugar de la humanidad por el pecado. Esto sería esencial en su plan para redimir a la humanidad. El sacrificio que podría expiar el pecado debía ser un cordero (indefenso) y sin mancha (sin pecado).

La unción que Jesús recibió fue el equipamiento necesario, dado por el Padre para hacer posible que viviera más allá de las limitaciones humanas. Porque no solo debía redimir al hombre; debía revelar al Padre. Al hacerlo, debía develar el ámbito del Padre, llamado cielo. Esto incluiría realizar cosas sobrenaturales. La unción era lo que relacionaba a Jesús el hombre con lo divino, permitiéndole destruir las obras del diablo. Estos milagros ayudaron a poner en movimiento algo que la humanidad podría heredar una vez que hubiera sido redimida. El cielo –ese ámbito sobrenatural– se convertiría en el pan diario del hombre.

Su existencia en tiempo presente se explica en la frase de Jesús: "*El reino de los cielos está cercano*". Esto significa que el cielo no es solo nuestro destino eterno, sino también una realidad actual, al alcance de la mano.

CUALIDADES PARA LA UNCIÓN

Para cumplir su misión, Jesús necesitaba al Espíritu Santo; y esa misión, con todos sus objetivos, era terminar la obra del Padre.[4] Si el mismísimo Hijo de Dios confiaba de tal manera en la unción, su comportamiento debería demostrar nuestra propia necesidad de la presencia del Espíritu Santo sobre nosotros para hacer lo que el Padre nos ha asignado. Hablaremos más sobre este tema en un capítulo posterior. Por ahora, es vital que comprendamos que debemos estar revestidos del Espíritu Santo para el ministerio sobrenatural. En el Antiguo Testamento, el requisito indispensable para que un sacerdote pudiera realizar su ministerio era la unción.[5] Según el ejemplo de Jesús, con el ministerio del Nuevo Testamento sucede lo mismo: la unción produce resultados sobrenaturales.

Esta unción es lo que permitía a Jesús hacer solo lo que veía hacer a su Padre y decir solo lo que escuchaba decir a su Padre. Era el Espíritu Santo el que revelaba el Padre a Jesús.

Parecería que con toda la importancia que reviste el nombre *Jesús*, cualquier persona que deseara socavar su obra de redención debería llamarse *anti-Jesús*, no *anti-Cristo*. Aun las sectas religiosas reconocen y valoran a Jesús como hombre. Como mínimo, las sectas lo consideran un maestro o profeta, y posiblemente, "un" hijo de Dios. Este horrendo error nos permite comprender por qué el nombre dado a este espíritu de oposición fue *anticristo*. Los espíritus infernales están en guerra contra la unción, porque sin ella, el hombre no es ninguna amenaza para su dominio.

La preocupación de Jesús por los seres humanos ha sido aplaudida. Su humildad ha sido apreciada. Pero fue la unción la que dio paso a lo sobrenatural. Y fue la invasión sobrenatural de Dios mismo la que rechazaron los líderes religiosos. Esta unción es, de hecho, la persona del Espíritu Santo sobre alguien que lo capacita para realizar cosas sobrenaturales. Tan reverenciado es el Espíritu Santo en la Trinidad, que Jesús dijo: *"A cualquiera que pronuncie alguna palabra contra el Hijo del hombre se le perdonará, pero el que hable contra el Espíritu Santo no tendrá perdón ni en este mundo ni en el venidero"*.[6]

MINISTERIO CON PODER

Fue el ministerio con el poder del Espíritu Santo el que hizo que la gente abandonara todo para seguir a Jesús. Las personas se veían atraídas por lo sobrenatural en palabra y en obra. Sus palabras llegaban a lo profundo del corazón de las personas, mientras que sus obras revelaban el corazón del Padre. La unción del Espíritu Santo cambiaba para siempre las vidas de los humildes. Pero también era el ministerio con el poder del Espíritu Santo el que ofendía de gran manera a los orgullosos, y el que causó la crucifixión de Jesús. El mismo sol que derrite el hielo, endurece la arcilla. De la misma forma, una obra de

Dios puede producir dos reacciones completamente diferentes, según el estado del corazón de la persona.

Dios es nuestro Padre, y heredamos su código genético. Todo creyente tiene escrito en su ADN espiritual el deseo de lo sobrenatural. Es nuestro sentido de destino predeterminado. Esta pasión nacida de Dios se disipa cuando se la enseña y se la razona, cuando no se la ejerce, o cuando queda enterrada bajo la decepción.[7]

El espíritu del anticristo obra hoy, tratando de influir sobre los creyentes para que rechacen todo lo que tiene que ver con la unción del Espíritu Santo. Este rechazo adopta muchas formas religiosas, pero, básicamente, se resume en esto: rechazamos lo que no podemos controlar. Ese espíritu ha trabajado para reducir el evangelio a un mero mensaje intelectual, más que un encuentro sobrenatural con Dios. Tolera la mención del poder, si es en el pasado. Ocasionalmente, considera que el poder es apropiado para las personas que están muy lejos. Pero este espíritu nunca espera que la unción del poder de Dios esté disponible aquí y ahora. El espíritu de control obra en contra de uno de los elementos preferidos de Dios en el hombre: la fe. La confianza queda mal ubicada, ya que se la deposita en la capacidad de razonamiento del hombre.

El espíritu del anticristo ha dado origen a los espíritus religiosos. Un espíritu religioso es una presencia demoníaca que trabaja para que cambiemos el modo de ser guiados por el Espíritu Santo, por la guía de nuestro intelecto. Ser guiados por el Espíritu Santo es un encuentro continuo con Dios. La religión idolatra los conceptos y evita las experiencias personales. Trabaja para que adoremos los logros pasados a expensas de cualquier actividad presente de Dios en nuestra vida. Este espíritu suele alimentarse de los residuos de avivamientos pasados. Su táctica preferida es grabar en piedra una ideología aprendida de anteriores obras del Espíritu Santo; por ejemplo, valora las lágrimas y desprecia la risa. Suena a idolatría, ¿verdad? Cualquier cosa que reemplace la dependencia del Espíritu Santo y su obra de poder puede rastrearse hasta el espíritu de oposición.

EL ÁMBITO QUE ESTÁ
MÁS ALLÁ DE LA RAZÓN

Seguir la unción (el Espíritu Santo) es algo muy similar a la forma en que Israel seguía la nube de la presencia de Dios en el desierto. Los israelitas no tenían control sobre Él. Él guiaba, y el pueblo lo seguía. Dondequiera que iba, se producían acontecimientos sobrenaturales. Si se apartaban de la nube, los milagros que los sostenían, desaparecían. ¿Imagina usted lo que hubiera sucedido si nuestros teólogos dominados por el miedo hubieran estado allí? Habrían creado nuevas doctrinas para explicar por qué el ministerio sobrenatural que los había sacado de Egipto ya no era necesario para hacerlos entrar en la Tierra Prometida. Después, las habrían grabado en tablas de piedra. Pero, como hoy, el verdadero asunto es si damos prioridad a la presencia del Espíritu. Cuando eso está intacto, lo sobrenatural abunda; pero sin ella, tenemos que crear nuevas doctrinas para explicar por qué estamos bien como estamos.

En palabras del Nuevo Testamento, ser un pueblo concentrado en su presencia significa que estamos dispuestos a vivir más allá de la razón. No impulsiva ni neciamente, porque esas son pobres imitaciones de la fe real. El ámbito que está más allá de la razón es el mundo de la obediencia a Dios. La obediencia es una expresión de fe, y la fe es nuestro boleto de entrada al ámbito de Dios. Lo extraño es que este énfasis en su presencia nos hace ser como el viento, tal como es la naturaleza del Espíritu Santo.[8] Su naturaleza es poderosa y justa, pero sus caminos no pueden ser controlados. Él es impredecible.

Cómo líderes de la iglesia, esto nos toca en nuestro punto más débil. En la mayoría de las iglesias, muy poco de lo que hacemos depende del Espíritu Santo. Si Él nunca más apareciera, la mayoría de las iglesias no lo extrañarían. Se dice que Billy Graham comentó: "Si el Espíritu Santo nos fuera quitado, el noventa y cinco por ciento de las actividades de la iglesia continuarían. En la iglesia primitiva, si el Espíritu Santo le hubiera sido quitado, el noventa y cinco por ciento de sus actividades se hubieran detenido". Yo creo que tiene razón. Planificamos los cultos, y lo llamamos diligencia. Planificamos el año, y lo llamamos visión. Nunca olvidaré el domingo que el Señor me informó que ese no era mi culto, y que yo no podía hacer lo que quisiera. (Planificar es bíblico. Pero nuestra diligencia y nuestra visión nunca deben usurpar la autoridad del Espíritu Santo. El señorío de Jesucristo se ve en nuestra disposición para seguir la guía del Espíritu Santo. ¡Él quiere que le devolvamos su iglesia!). Pero ¿cómo lo seguiremos, si no reconocemos su presencia?

Cuanto más marcada es su presencia, más singulares son las manifestaciones de nuestros encuentros con Dios. Pero, aunque las manifestaciones que vivimos cuando nos encontramos con Él son importantes, a quien verdaderamente ansiamos es a Dios mismo.

ÉL SABÍA QUE NOS HARÍA SENTIR INCÓMODOS

A la mayoría de nosotros nos cuesta seguir la guía del Espíritu Santo porque nuestra experiencia con Él es muy limitada. La mayoría lo conoce solo como el que nos da convicción de pecado o nos consuela cuando estamos sufriendo. En resumen, no estamos acostumbrados a reconocer la presencia real del Espíritu Santo. Conocemos bien una pequeña lista de manifestaciones aceptables que algunas veces se producen cuando Él aparece, como lágrimas o quizás una sensación de paz cuando se canta nuestra canción favorita. Pero pocos lo reconocen a Él solo. Para empeorar las cosas, muchos, sin saberlo, lo rechazan porque se presenta de una forma a la que ellos no están acostumbrados o porque no aparece como lo ha hecho otras veces. (Pensándolo bien, es un acto de soberbia rechazar automáticamente cualquier cosa que no comprendamos, o que nunca reconocimos en *La Biblia*, ya que implica que, si Dios no lo ha hecho para nosotros o no nos lo ha mostrado primero, no podría hacerlo con otra persona).

Aunque pocos están dispuestos a admitirlo, la actitud de la iglesia en los últimos tiempos es: "Si algo me hace sentir incómodo, seguramente no es de Dios". Esto ha llevado a que surjan varios que se encomendaron a sí mismos la tarea de vigilar y que contaminan a la iglesia con sus propios temores. El hambre por Dios da lugar, en esos casos, al temor al engaño. ¿En qué confío más, en mi capacidad de ser engañado o en la capacidad de Dios para impedir que yo sea engañado? ¿Y por qué cree usted que Él nos dio al Consolador? Él sabía desde el principio que sus formas de obrar nos harían sentir incómodos algunas veces.

¿QUÉ IMAGINA USTED CUANDO SE HABLA DE EQUILIBRIO?

El temor al engaño ha abierto la puerta para un trágico movimiento entre los creyentes. Este movimiento declara que, dado que tenemos *La Biblia*, si buscamos una experiencia con Dios que se pueda sentir, somos emocionalmente desequilibrados y nos exponemos a ser engañados. Tales temores hacen que los creyentes se polaricen: el temor separa y aísla. Esta es la imagen que muchos se hacen: en un rincón, personas aparentemente equilibradas, que valoran *La Biblia* como Palabra de Dios, y en el otro, personas emocionalmente desequilibradas que buscan experiencias espirituales esotéricas con Dios. ¿Es esa la imagen real según *La Biblia*? Jesús hizo una afirmación aterradora sobre quienes adoptan la postura "estudio bíblico contra experiencia": "*Ustedes estudian con diligencia las Escrituras porque piensan que en ellas hallan la vida eterna. ¡Y son ellas las que dan testimonio en mi favor!*".[9]

Si nuestro estudio de *La Biblia* no nos lleva a una relación más profunda (un encuentro) con Dios, entonces, es simplemente fortalecer nuestra tendencia al orgullo espiritual. Aumentamos nuestro conocimiento de *La Biblia* para sentirnos bien con respecto a nuestra relación con Dios y para equiparnos mejor para discutir con quienes no están de acuerdo con nosotros. Cualquier grupo que desea defender una doctrina tiende a esta tentación si no tiene un encuentro con Dios. Veamos las potenciales implicaciones de esta idea: quienes temen estar bajo control, en realidad, pueden estar fuera de control: ¡fuera del control de Dios! Y muchos que son acusados de ser miembros del "club de los buscadores de bendiciones" pueden dar testimonio real del toque de Dios que cambió sus vidas para siempre. Ellos se convierten en la imagen más bíblica del equilibrio.

Jesús no dijo: "Mis ovejas conocen mi libro". Es su voz la que debemos conocer. ¿Por qué la distinción? Porque cualquiera puede conocer *La Biblia* como libro: el diablo mismo conoce y cita *La Biblia*. Pero solo aquellos cuyas vidas dependen de la persona del Espíritu Santo reconocen su voz constantemente. Esto no significa que *La Biblia* tenga escasa o ninguna importancia. Todo lo contrario. *La Biblia* es la Palabra de Dios, y la voz de Dios siempre será confirmada por *Las Sagradas Escrituras*. La voz da impacto a lo que está impreso. Debemos estudiar diligentemente *La Biblia*, recordando que al conocerlo a Él, podremos comprender las mayores verdades de las Escrituras.

En este actual derramamiento, Dios trabaja en esta necesidad específica. Nos satura con su presencia para que podamos aprender a reconocer su voz. A medida que nos abre su Palabra, comenzamos a depender cada vez más de Él. Una vez más, volvemos a concentrarnos en el regalo más grande que hayamos recibido: Dios mismo. Aunque solemos referirnos a la unción como "algo", lo más correcto sería referirnos a la unción como "Él".

A medida que retoma las riendas de su pueblo, el Espíritu Santo obra para restablecer un parámetro más bíblico para la vida cristiana. Este cambio, aunque puede causar temor, es para mejor. Podemos y debemos conocer al Dios de *La Biblia* por experiencia. El apóstol Pablo lo expresó así: *"… que conozcan ese amor que sobrepasa nuestro conocimiento, para que sean llenos de la plenitud de Dios"*.[10] ¿Conoce usted lo que sobrepasa nuestro conocimiento? Es promesa de Dios. Vea el resultado: *"Que sean llenos de la plenitud de Dios"*. ¡Vaya recompensa! Jesús lo expresa así: *"Al que me ama, mi Padre lo amará, y yo también lo amaré y me manifestaré a él"*.[11]

LA META DEL ESPÍRITU DEL ANTICRISTO

El espíritu del anticristo tiene una meta para la Iglesia: que acepte a Jesús sin la unción. Sin la unción, Jesús es una figura religiosa segura, que no va a desafiarnos ni ofendernos. Pablo explicó esta engañosa posibilidad de esta forma: *"Aparentarán ser piadosos, pero su conducta desmentirá el poder de la piedad. ¡Con esa gente ni te metas!"*.[12]

¿Cómo puede una persona que ama a Dios ser ofendida por la unción del Espíritu Santo?

1. El Espíritu Santo se mueve como el viento; fuera de nuestro control.[13]

2. Sus pensamientos son diferentes de nuestros pensamientos. *La Biblia* dice que nuestra lógica y la suya no solo son diferentes, sino que son opuestas. Seamos sinceros... ¡son dos mundos diferentes![14]

3. Él se niega a ser limitado por la forma en que nosotros entendemos *La Biblia*.

Cada vez que seguimos la guía del Espíritu Santo, estamos desafiando al espíritu del anticristo. Aunque la necedad de algunos que dicen ser guiados por el Espíritu ha hecho que esta aventura sea un poco más difícil, tenemos el éxito asegurado si en verdad lo deseamos apasionadamente. Él no dará una piedra a ninguno que le pida pan.

UNGIDOS PARA ENSEÑAR

Si el Espíritu Santo es el poder que está detrás del don de enseñanza, ¿cómo debería ser ese don? ¿Qué clase de modelo nos da Jesús para este ministerio en particular? En el próximo capítulo, estudiaremos el rol del maestro y su colaboración con el Espíritu Santo.

—————————— NOTAS ——————————

1. Lucas 3:21-22.
2. 1 Juan 2:18.
3. Filipenses 2:5-7.
4. Juan 4:34.
5. Éxodo 40:15.
6. Mateo 12:32.
7. Proverbios 13:12: "*La esperanza frustrada aflige al corazón*".
8. Juan 3:8.
9. Juan 5:39.
10. Efesios 3:19.
11. Juan 14:21.
12. 2 Timoteo 3:5.
13. Juan 3:8.
14. Romanos 8:7 e Isaías 55:8-9.

Capítulo 8

ENSEÑANZA PARA UN ENCUENTRO

Toda revelación de la Palabra de Dios que no nos lleve a un encuentro con Dios solo sirve para hacernos más religiosos. La iglesia no puede tener "forma sin poder", ya que esto crea cristianos sin propósito.

J esús, el maestro modelo, nunca separaba su enseñanza de sus obras. Él es el modelo de este don. La Palabra revelada de Dios, declarada por los labios de un maestro ungido, debería producir demostraciones de poder.

Nicodemo dijo a Jesús: *"Rabí* [...], *sabemos que eres un maestro que ha venido de parte de Dios, porque nadie podría hacer las señales que tú haces si Dios no estuviera con él"*.[1] Quedaba sobreentendido que los maestros que vienen de Dios no solo hablan, sino hacen. Y lo que Jesús *hacía*, según el evangelio de Juan, eran señales y prodigios.

Jesús estableció el ejemplo supremo en el ministerio al combinar la proclamación del evangelio con señales y prodigios. Mateo registra el fenómeno de esta manera: *"Jesús recorría toda Galilea, enseñando en las* sinagogas, anunciando las buenas nuevas del reino, y sanando toda enfermedad y dolencia entre la gente".[2] Y nuevamente: "Jesús recorría todos los pueblos y aldeas enseñando en las sinagogas, anunciando las buenas nuevas del reino, y sanando toda enfermedad y toda dolencia".[3]

Después, ordenó a sus discípulos que ministraran con el mismo énfasis. Envió a los doce con las siguientes instrucciones: "Dondequiera que vayan, prediquen este mensaje: 'El reino de los cielos está cerca'. Sanen a los enfermos, resuciten a los muertos, limpien de su enfermedad a los que tienen lepra, expulsen a los demonios. Lo que ustedes recibieron gratis, denlo gratuitamente".[4] Y comisionó a los setenta con las siguientes palabras: "Sanen a los enfermos que encuentren allí y díganles: 'El reino de Dios ya está cerca de ustedes'".[5]

El evangelio de Juan registra cómo se produce esta combinación de palabras y obras sobrenaturales: "Las palabras que yo les comunico, no las hablo como cosa mía, sino que es el Padre, que está en mí, el que realiza sus obras".[6] Es obvio que nosotros hablamos la Palabra, y el Padre hace las obras: ¡milagros!

Como hombres y mujeres de Dios que enseñamos, debemos exigirnos "hacer con poder". Y este hacer debe incluir una apertura a lo imposible, por medio de señales y prodigios.

Los maestros de La Biblia deben instruir para explicar lo que acaban de hacer o están por hacer. Quienes se limitan a las palabras, limitan su don y pueden –aun sin tal intención– llevar a los creyentes al orgullo, aumentando su conocimiento sin aumentar su conciencia de la presencia y el poder de Dios. Es en las trincheras del ministerio como el que hizo Cristo que aprendemos a depender por completo de Dios. Movernos dentro de lo imposible confiando en Dios es impedir el desarrollo del orgullo.

UNA EXPERIENCIA PERSONAL

En 1987, asistí a una de las conferencias de John Wimber sobre señales y prodigios en Anaheim, California. Salí de allí muy desalentado.

Todo lo que se enseñó en esa conferencia, incluyendo muchas de las ilustraciones, yo lo había enseñado. La causa de mi desaliento era que ellos tenían fruto de lo que creían, y lo único que yo tenía era una buena doctrina.

Llega un momento en que el mero hecho de conocer la verdad no nos satisface. Si no cambia nuestras circunstancias para bien, ¿de qué sirve? A ese incidente le siguió un serio examen de mis prioridades personales. Era obvio que ya no podía esperar que sucedieran cosas buenas simplemente por creer que podían –o debían– suceder. Había un factor de riesgo en el que yo no había caído: Wimber lo llamaba *fe*. La enseñanza DEBE ir acompañada de acción, que es la que da lugar a Dios para obrar.[7]

Las cosas cambiaron inmediatamente. Oramos por las personas, y vimos milagros. Fue glorioso, pero no tardamos mucho en darnos cuenta de que había muchos que no eran sanados. El desaliento volvió a instalarse, y gradualmente comenzamos a dejar de correr riesgos.

En mi primer viaje a Toronto, en marzo de 1995, le prometí a Dios que, si me tocaba otra vez, yo nunca volvería a retroceder. Nunca volvería a "cambiar de tema". Mi promesa significaba que el derramamiento del Espíritu Santo –con la plena manifestación de sus dones– iba a ser el único propósito de mi existencia. Y nunca volvería a desviarme de ese llamado, pasara lo que pasara. Dios me tocó, y desde entonces he continuado en ese camino sin apartarme.

RESISTIR LA INFLUENCIA DE NUESTRA PROPIA CULTURA

Nuestra cultura ha castrado el rol del maestro. Es posible asistir a la universidad, y obtener un título en administración de empresas sin recibir una sola clase de alguien que haya administrado una. Valoramos los conceptos y las ideas por encima de la experiencia con resultados. Desearía que eso se aplicara solo a las escuelas seculares, pero la cultura, que valora las ideas por sobre la experiencia, ha moldeado la mayoría de nuestros institutos bíblicos, seminarios y denominaciones. Muchos movimientos actuales han convertido en virtud, el concepto de "mantener el curso" sin tener una experiencia con Dios.

Para empeorar las cosas, quienes hablan subjetivamente de una experiencia son, muchas veces, considerados sospechosos y aun peligrosos. Pero Dios no puede ser conocido sin la experiencia.

Randy Clark, el hombre que Dios utilizó para iniciar los fuegos del avivamiento en Toronto en 1994, lo explica así: "Alguien que no tiene una experiencia con Dios, no conoce a Dios". Él es una Persona, no una filosofía ni un concepto. Es hora de que quienes hemos encontrado a Dios dejemos de temblar de miedo de contar nuestra historia. Debemos estimular el apetito del pueblo de Dios para que anhele más de lo sobrenatural. El testimonio tiene la capacidad de estimular esa clase de apetito.

EL REINO CONCRETADO

Mientras nuestros equipos de ministración viajan por el mundo, hemos llegado a esperar ciertos resultados. Sanidad, liberación y conversiones son los frutos de nuestra labor. Aunque rara vez enseñamos sobre sanidad, es uno de los resultados más comunes. Mientras proclamamos el mensaje del reino de Dios, las personas son sanadas. El Padre parece decir: "¡Amén!" a su propio mensaje confirmando la palabra con poder.[8] Pedro sabía esto cuando oró pidiendo valentía en su predicación, esperando que Dios respondiera *"para sanar y hacer señales y prodigios mediante el nombre de tu santo siervo Jesús"*.[9] Dios ha prometido respaldar nuestro mensaje con poder, si nuestro mensaje es el evangelio de su Reino.

PODER CONTRA SOBERBIA

Los problemas que enfrentamos hoy no son nuevos. El apóstol Pablo estaba muy preocupado por la iglesia de Corinto, porque ellos eran engañados por un evangelio sin poder.

"No les escribo esto para avergonzarlos sino para
amonestarlos, como a hijos míos amados. De hecho, aunque
tuvieran ustedes miles de tutores en Cristo, padres sí que no
tienen muchos, porque mediante el evangelio yo fui el padre
que los engendró en Cristo Jesús. Por tanto, les ruego que
sigan mi ejemplo. Con este propósito les envié a Timoteo, mi
amado y fiel hijo en el Señor. Él les recordará mi manera de
comportarme en Cristo Jesús, como enseño por todas partes y
en todas las iglesias.
Ahora bien, algunos de ustedes se han vuelto presuntuosos,
pensando que no iré a verlos. Lo cierto es que, si Dios quiere,
iré a visitarlos muy pronto, y ya veremos no sólo cómo hablan
sino cuánto poder tienen esos presumidos. Porque el reino de
Dios no es cuestión de palabras sino de poder."

1 Corintios 4:14-20

Pablo comienza por hacer una comparación entre padres y maestros.
Los maestros que se mencionan aquí son diferentes de los que Jesús
deseaba que tuviera la Iglesia. Pablo acepta que es posible que sean creyentes, afirmando que estos tutores están *en Cristo*. Pero observemos que
luego los llama *"presuntuosos"*.

En esta era posdenominacional, vemos un movimiento sin precedent-
tes de creyentes que se reúnen alrededor de padres –o madres– espirituales. En otros tiempos, nos reuníamos alrededor de ciertas verdades,
lo cual llevó a la formación de las denominaciones. La fortaleza de tal
reunión es su evidente acuerdo en cuanto a la doctrina y, generalmente,
la práctica. La debilidad es que no da lugar a muchos cambios o a la
variedad. Al comenzar el siglo XX, la gente que recibió el bautismo en el
Espíritu Santo con el hablar en lenguas ya no fue bien recibida en muchas de esas iglesias, porque la mayoría de las denominaciones tenía sus
declaraciones de fe grabadas en piedra.

Pero ahora, esta fuerza gravitatoria hacia los padres se produce aun dentro de las denominaciones. Tal reunión de creyentes permite diferencias en doctrinas no esenciales sin causar divisiones. Muchos consideran que este movimiento es una restauración del orden apostólico de Dios.

La segunda preocupación de Pablo es la presunción o soberbia de sus hijos espirituales. Hace esta declaración marcando el contraste entre la fidelidad y la soberbia, que él llama 'presunción'. A Pablo le preocupaba mucho que sus hijos espirituales fueran engañados por las teorías de personas que sabían exponerlas con elocuencia. Muchas veces, la iglesia valora más el carisma personal del líder que su unción o que la verdad. Aun personas de dudosa integridad, si tienen personalidad, pueden llegar a puestos de liderazgo en la iglesia. A Pablo lo preocupaba especialmente que esto sucediera. Él había trabajado mucho para llevar a los corintios a la fe y había decidido no apabullarlos con lo que sabía; de hecho, los llevó a un encuentro con el Dios de todo poder que se convirtió en la base de su fe.[10] Pero ahora, habían entrado en escena los sermoneadores. Pablo reaccionó ante esta situación enviando a alguien como él mismo: Timoteo. La iglesia necesitaba un recordatorio de cómo era su padre espiritual. Esto los ayudaría a recalibrar su sistema de valores para imitar a personas con sustancia, que son, también, personas de poder.

Pablo afirma algo asombroso para explicar su decisión, que era la correcta: *"El reino de Dios no es cuestión de palabras sino de poder"*.[11] En el idioma original, diría así: "El reino de Dios no es cuestión de *logos* sino de *dunamis*". Aparentemente, ellos tenían un montón de maestros que eran buenos para decir muchas palabras, pero demostraban poco poder. No seguían el modelo que Jesús les había dejado. *Dunamis* es 'el poder de Dios demostrado e impartido en un derramamiento del Espíritu Santo'. ¡Eso es el Reino!

Dos capítulos atrás, Pablo presenta la prioridad de su ministerio: llevar al pueblo de Corinto a la fe en el poder (*dunamis*) de Dios.[12] Aquí les dice que, si las cosas no cambian, ellos están destinados al fracaso. Cuando el pueblo de Dios se deja preocupar por conceptos e ideologías en lugar de una expresión de vida y poder como la de Cristo, le espera el fracaso, por buenas que sean sus ideas. El cristianismo no es una filosofía; es una relación. Es el *encuentro con Dios* el que da poder a los conceptos. Debemos exigirnos esto a nosotros mismos.[13] ¿Cómo? Buscando hasta encontrar.[14]

PADRES CON PODER CONTRA MAESTROS CON MERAS PALABRAS	
PADRES	MAESTROS (que no siguen el ejemplo de Jesús)
Estilo de vida: imitar a los padres	Estilo de vida: reunirse alrededor de ideas (divisivo)
Actitud: humildad	Actitud: soberbia (presuntuosos)
Ministerio: poder	Ministerio: muchas palabras
Concentrados en: el Reino	Concentrados en: sus enseñanzas

DIOS ES MÁS GRANDE QUE SU LIBRO

"Ustedes andan equivocados porque desconocen las Escrituras y el poder de Dios".[15]

En este pasaje, Jesús reprende a los fariseos por desconocer las Escrituras y el poder de Dios. Su represión se produce dentro del contexto del tema del matrimonio y la resurrección, pero apunta a la ignorancia que infectaba todas las áreas de sus vidas.

¿Cuál era la causa? Ellos no permitían que las Escrituras los llevaran a Dios. No comprendían…, al menos, no comprendían en realidad. La palabra *desconocer*, en este contexto, está relacionada con una experiencia personal. Ellos trataban de aprender sin tener esa experiencia. Eran los paladines de quienes pasaban tiempo estudiando la Palabra de Dios, pero su estudio no los llevaba a un encuentro con Dios, sino que era un fin en sí mismo.

El Espíritu Santo es el *dunamis* del cielo. Un encuentro con Dios es, frecuentemente, un encuentro de poder. Tales encuentros varían según la persona, según el designio de Dios. Y es la falta de encuentros de poder la que lleva a malentender a Dios y a su Palabra. Muchos temen las experiencias porque "podrían" apartarlos de *La Biblia*. Los errores de algunos han hecho que muchos teman buscar experiencias.[16] Pero no es legítimo permitir que el temor nos impida buscar una experiencia más profunda con Dios. Aceptar tal temor nos lleva a errar en el otro extremo, que es culturalmente más aceptable, pero mucho, mucho peor en la eternidad.

Dios hace lo que quiere. Aunque es fiel a su Palabra, no deja de actuar fuera de lo que entendemos de ella. Por ejemplo, es un Dios amoroso… que aborrece a Esaú.[17] Es quien ha sido llamado, respetuosamente, caballero, pero derribó a Saulo de su asno[18] y levantó a Ezequiel del suelo por los cabellos.[19] Es la brillante estrella de la mañana,[20] pero se rodea de oscuros nubarrones.[21] Aborrece el divorcio,[22] pero se divorció.[23] Esta lista de ideas aparentemente conflictivas continúa mucho más de lo que cualquiera de nosotros podría soportar. Pero esta incómoda tensión tiene como fin que dependamos sincera y verdaderamente del Espíritu Santo para comprender quién es Dios y qué nos dice por medio de su Libro. Dios es tan extraño para nuestras formas naturales de pensar que solo vemos realmente lo que Él nos muestra, y solo podemos entenderlo relacionándonos con Él.

La Biblia es la Palabra de Dios absoluta. Revela a Dios: el obvio, el inexplicable, el misterioso y, algunas veces, ofensivo. Revela la grandeza de nuestro Dios…, pero no lo contiene. Dios es más grande que su Libro.

El avivamiento tiene muchos de estos dilemas: Dios hace lo que nunca antes lo hemos visto hacer, solo para confirmar que Él es quien dijo que es en su Palabra. Enfrentamos el conflicto interno de seguir a Aquel que no cambia, pero promete hacer una cosa nueva en nosotros. Esto se vuelve aun más confuso cuando tratamos de encajar eso nuevo en el molde formado por nuestras anteriores experiencias.

No todos manejan bien este desafío. Muchos esconden su necesidad de controlar todo detrás de la fachada de "permanecer fieles a la Palabra de Dios". Al rechazar a quienes difieren de ellos, se protegen de la incomodidad... y del cambio por el que han estado orando.

¿MAPA O GUÍA?

La forma aceptable de estudiar *La Biblia* pone el poder de la revelación en manos de cualquiera que pueda comprarse una concordancia y algunos otros materiales de estudio. Si le dedicamos tiempo, podemos aprender cosas maravillosas. No quiero restarle importancia al estudio bíblico constante y disciplinado, ni a esas maravillosas herramientas de estudio, ya que Dios es quien nos da el deseo de aprender. Pero, en realidad, *La Biblia* es un libro cerrado. Nada de lo que yo pueda aprender de la Palabra, sin Dios, me cambiará la vida. *La Biblia* está cerrada para garantizar que yo dependa siempre del Espíritu Santo. Es esa aproximación desesperada a *Su Palabra* la que deleita al corazón de Dios: *"Gloria de Dios es ocultar un asunto, y gloria de los reyes el investigarlo".*[24] A Él le encanta alimentar a quienes verdaderamente tienen hambre.

El estudio bíblico suele promocionarse como una manera de aprender fórmulas para vivir. Sin duda, hay principios que pueden presentarse ordenadamente, como de la A a la Z. Pero, con frecuencia, ese enfoque convierte a *La Biblia* en un mero mapa rutero. Cuando trato a *La Biblia* como un mapa rutero, vivo como si pudiera encontrar mi camino por medio de mi propia interpretación del Libro de Dios. Creo que esta perspectiva de *La Biblia* es una descripción de la vida bajo la ley, no bajo la gracia. Vivir bajo la ley es la tendencia a desear una serie de límites preestablecidos, no una relación. Aunque tanto la ley como la gracia tienen mandamientos, la gracia viene con la capacidad incorporada de obedecer lo que se ordena. Bajo la gracia, yo no recibo un mapa rutero, sino un guía: el Espíritu Santo. Él me dirige, me da revelación y poder para ser y hacer lo que la Palabra dice.

Hay muchos conceptos que la iglesia ha defendido con denuedo en su deseo de mantener la devoción por *La Biblia*. Pero algunos de ellos, en realidad, van en contra del verdadero valor de la Palabra de Dios. Por ejemplo:

muchos que rechazan el mover del Espíritu Santo han afirmado que la iglesia no necesita señales y prodigios porque tenemos *La Biblia*. Pero esa enseñanza contradice a la misma Palabra que supuestamente exalta. Si asignamos a diez nuevos creyentes la tarea de estudiar *La Biblia* para encontrar la voluntad de Dios para esta generación, ni uno de ellos llegará a la conclusión de que los dones espirituales no son para el tiempo actual, ¡si no se lo enseñan de ese modo! La doctrina que dice que las señales y los prodigios ya no son necesarios porque tenemos *La Biblia* fue creada por personas que no habían visto el poder de Dios y necesitaban una explicación para justificar la falta de poder en sus propias iglesias.

Una revelación que no me lleva a un encuentro con Dios solo sirve para hacerme más religioso. Si *La Biblia* no me lleva a Él, solo me prepara para debatir mejor con quienes no están de acuerdo con mi manera de pensar.

"El conocimiento envanece…"[25] Notemos que Pablo no habla del conocimiento no bíblico o carnal. El conocimiento –incluyendo el que proviene de *Las Sagradas Escrituras*– tiene el potencial de hacerme presuntuoso. ¿Cómo, pues, podré protegerme de la soberbia que produce el conocimiento, aunque sea de *La Biblia*? Debo asegurarme de que ese conocimiento me lleve a Jesús.

La soberbia que produce el mero conocimiento bíblico es divisoria. Crea el deseo de la propia opinión. *"El que habla por cuenta propia busca su vanagloria; en cambio, el que busca glorificar al que lo envió es una persona íntegra y sin doblez"*.[26] Quienes son capacitados sin una revelación que los lleve a Él, se capacitan para hablar por sí mismos, para su propia gloria. Este anhelo de conocimiento sin un encuentro con Dios es enemigo de la verdadera integridad.

No solo sufre la integridad, sino también nuestra fe. *"¿Cómo va a ser posible que ustedes crean, si unos a otros se rinden gloria pero no buscan la gloria que viene del Dios único?"*.[27] Ese deseo de la gloria que dan los hombres, de alguna forma, desplaza a la fe. En el corazón que teme solo a Dios, el que busca primero su Reino y desea que Dios reciba todo el honor y toda la gloria; en ese corazón, nace la fe.

La misión del cielo es infiltrar sus realidades en la Tierra. Toda enseñanza debe llevarnos a ese fin, ya que la capacitación, en el Reino, no carece de propósito. Somos capacitados para administrar el negocio de la familia. Eso lo descubriremos en el próximo capítulo.

NOTAS

1. Juan 3:2.
2. Mateo 4:23.
3. Mateo 9:35.
4. Mateo 10:7-8.
5. Lucas 10:9.
6. Juan 14:10.
7. Dar lugar a Dios no significa que Él no puede moverse sin nuestro permiso, sino, simplemente, que Él se deleita en que lo invitemos.
8. Vea Marcos 16:20.
9. Hechos 4:29-30.
10. Vea 1 Corintios 2:1-5.
11. 1 Corintios 4:20.
12. Ver 1 Corintios 2:5.
13. Sería fácil, en este punto, pensar que solo me refiero al poder como aquello que cambia una situación física en el cuerpo o algún problema natural. Sin duda, estas situaciones están incluidas, pero debemos recordar que el amor de Dios es el poder más grande del universo, y puede transformar una vida como nada más lo haría. No podemos simplemente usar este hecho como excusa para evitar las necesidades obvias de los enfermos y atormentados que nos rodean. Debemos conmovernos con el amor de Dios a tal punto que busquemos su rostro hasta que seamos revestidos de poder de lo alto.
14. Vea Lucas 11:10.
15. Mateo 22:29.
16. El engaño no comenzó con creer algo que no fuera bíblico. Comenzó con un corazón dispuesto a hacer concesiones, porque nadie es engañado si primero no cede. Vea 1 Timoteo 1:18-19.
17. Vea Malaquías 1:2-3.

18. Vea Hechos 9:4.
19. Vea Ezequiel 8:3.
20. Vea Apocalipsis 22:16.
21. Vea Salmos 97:2.
22. Vea Malaquías 2:16.
23. Vea Jeremías 3:8.
24. Proverbios 25:2.
25. 1 Corintios 8:1.
26. Juan 7:18.
27. Juan 5:44.

Capítulo 9

LAS OBRAS DEL PADRE

*"Si no hago las obras de mi Padre,
no me crean."*[1]

*"El Hijo de Dios fue enviado precisamente para
destruir las obras del diablo."*[2]

Durante cientos de años, los profetas hablaron de la venida del Mesías. Dieron más de trescientos detalles específicos que lo describían. Jesús los cumplió todos. Los ángeles también testificaron de su divinidad cuando dieron el mensaje a los pastores: *"Hoy les ha nacido [...] un Salvador, que es Cristo el Señor"*.[3] La naturaleza misma testificó de la llegada del Mesías con la estrella que guió a los sabios.[4] Pero con esta única frase: *"Si no hago las obras de mi Padre, no me crean"*,[5] Jesús puso en riesgo la credibilidad de todos estos "mensajeros". Sus ministerios hubieran sido en vano si no hubiera habido un ingrediente más para confirmar quién era Él realmente. Ese ingrediente eran los milagros.

Jesús dio a las personas el derecho de descreer de todo si no había demostración de poder en su ministerio. Anhelo que llegue el día en que la Iglesia desafíe de la misma manera al mundo: "Si no hacemos los milagros que Jesús hizo, no tienen por qué creernos".

DESDE NIÑO, JESÚS SABÍA LA TAREA QUE SE LE HABÍA ASIGNADO

Los versículos mencionados al principio de este capítulo tratan dos temas: hacer las obras del Padre y destruir las obras del diablo. Estas dos cosas son inseparables y ayudan a aclarar el propósito de la venida de Cristo. Él estaba motivado por una pasión superior a cualquier otra cosa: agradar a su Padre celestial.

Sus prioridades comenzaron a develarse mucho antes de que iniciara su ministerio. Él solo tenía doce años. María y José se dieron cuenta de que Jesús faltaba solo después de varios días de haber salido de Jerusalén. Entonces, regresaron a buscar a su hijo.

Solo podemos imaginar lo que habrá pasado por sus mentes en esos tres días de separación. Él era su hijo-milagro…, el Prometido. ¿Habían cometido un terrible descuido, y por eso lo perdieron? ¿Deberían dar por terminada su tarea de criarlo? ¿Habían fallado?

Finalmente, lo encontraron en el templo, comentando las Escrituras con adultos. Sin duda, se sintieron felices y aliviados. Pero, si hemos de ser realistas, también estaban un poco molestos. Para empeorar las cosas, Jesús no parecía conmovido en lo más mínimo por su preocupación. De hecho, hasta pareció sorprendido de que no supieran dónde podía estar. No escuchamos ninguna disculpa de su parte, ninguna explicación, solo una declaración de prioridades: *"¿No sabíais que en los negocios de mi Padre me es necesario estar?"*.[6] Aquí comenzó la revelación de su propósito. Aun en su juventud, Jesús no parecía preocupado por la posibilidad de ofender a alguien por obedecer a su Padre celestial. Pensémoslo: ya a los doce años, no tenía ningún temor por lo que la gente pudiera pensar de Él. Jesús no permitió que la posibilidad de ser malentendido

–y de que esto causara conflictos– le impidiera cumplir los propósitos de su Padre.

Las primeras palabras –las únicas registradas–de Jesús en su juventud fueron sobre su propósito. Obedecer al Padre era su única ambición. Esas palabras bastaron. Luego, siendo adulto, Jesús confesó que obedecer al Padre continuaba siendo su prioridad. De eso se nutría: *"Mi alimento es hacer la voluntad del que me envió"*.[7]

UN NEGOCIO RIESGOSO

¿Acaso Jesús olvidó decirles a María y José dónde iba a estar? ¿O hizo lo que hizo dándose cuenta de que iba a afectar a los demás como los afectó? Creo que la última opción es cierta: Jesús estaba dispuesto a arriesgarse a ser malentendido. Los negocios del Padre, con frecuencia, nos obligan a asumir tal riesgo. Recuerde: Él aún no gozaba de la credibilidad que tendría más tarde; hasta ahora, no había existido ningún sermón conmovedor, ninguna sanidad, ni agua convertida en vino, ni muertos resucitados, ni demonios expulsados. Simplemente, era un niño de doce años cuyas prioridades eran diferentes de las de todos los demás.

Dieciocho años más tarde, al comenzar su ministerio, encontramos a Jesús enseñando a sus discípulos lo que había tratado de enseñar a mamá y papá: la prioridad de los asuntos de su Padre. Frases como: *"No puedo hacer nada por mi propia cuenta"*,[8] o *"No busco hacer mi propia voluntad sino cumplir la voluntad del que me envió"*,[9] o *"Siempre hago lo que le agrada"*[10] son testimonios de su completa dependencia del Padre y de su pasión absorbente por agradarle solo a Él.

UNA COSTUMBRE JUDÍA

Era costumbre de los padres judíos llevar a su hijo varón a la plaza de la ciudad cuando este había llegado a la adultez. Allí, el padre anunciaba a toda la ciudad que su hijo era igual a él en todos los asuntos de negocios, lo cual significaba que cuando trataran con el hijo, sería como tratar con el padre. Al hacerlo, proclamaba ante toda la ciudad: "Este es mi hijo amado, en quien me complazco".

Cuando Jesús fue bautizado en agua –a los treinta años–, el profeta Juan declaró que Él era el *"Cordero de Dios, que quita el pecado del mundo"*.[11] El Espíritu Santo vino sobre Jesús y lo revistió de poder, capacitándolo para cumplir su propósito. Entonces, el Padre habló desde los cielos, diciendo: *"Éste es mi Hijo amado; estoy muy complacido con él"*.[12]

En ese momento, tanto el Padre como el Espíritu Santo afirmaron que el propósito principal que había adoptado el Hijo de Dios era revelar y continuar los negocios de su Padre. Jesús declaró los detalles de ese rol en su primer sermón: *"El Espíritu del Señor está sobre mí, por cuanto me ha ungido para anunciar buenas nuevas a los pobres. Me ha enviado a proclamar libertad a los cautivos y dar vista a los ciegos, a poner en libertad a los oprimidos, a pregonar el año del favor del Señor"*.[13] La vida de Jesús ilustró lo que significaba ese pronunciamiento: llevar salvación al espíritu, al alma y al cuerpo del hombre, destruyendo así las obras del demonio.[14] Esta era una expresión de un Reino que siempre está creciendo[15] y desarrollándose continuamente.

EL ESLABÓN PERDIDO

El secreto de su ministerio puede verse en sus afirmaciones: *"El hijo no puede hacer nada por su propia cuenta, sino solamente lo que ve que su padre hace, porque cualquier cosa que hace el padre, la hace también el hijo"*[16] y *"...lo que le he oído decir es lo mismo que le repito al mundo"*.[17] Su obediencia puso a la recompensa del cielo camino a una colisión segura con la situación desesperante de la humanidad en la Tierra. Fue su dependencia del Padre la que trajo la realidad del Reino a este mundo. Es lo que le permitía decir: *"¡El reino de los cielos se ha acercado!"*.

Jesús mostró el corazón del Padre. Todas sus acciones eran expresiones terrenales de su Padre en el cielo. El libro de Hebreos dice que Jesús es la exacta representación de la naturaleza de su Padre.[18] Jesús dijo:

"El que me ha visto a mí, ha visto al Padre".[19] La vida de Jesús es una revelación del Padre y de sus "negocios". El aspecto básico de esos "negocios" es dar vida a la humanidad[20] y destruir todas las obras del destructor.[21] Jesús continúa señalando el camino hacia el Padre. Ahora, es tarea nuestra, por medio del Espíritu Santo, descubrir y mostrar lo que el Padre tiene en su corazón: dar vida y destruir las obras del diablo.

ACERCA DEL PADRE

La mayoría de los fariseos se pasaban la vida sirviendo a Dios, sin jamás descubrir qué tenía Dios en su corazón. Jesús ofendió a estos líderes religiosos especialmente porque demostró lo que el Padre deseaba. Mientras los fariseos pensaban que a Dios le preocupaba el día de reposo, Jesús trabajaba para ayudar a aquellos por los cuales había sido creado el día de reposo. Estos líderes estaban acostumbrados a que los milagros de las Escrituras permanecieran en el pasado. Pero Jesús invadió su comodidad llevando lo sobrenatural a sus ciudades. Con cada milagro, le mostró a toda la comunidad religiosa "los negocios del Padre". Para adaptarse, ellos tendrían que haber cambiado todo. Era más fácil llamar mentiroso a Jesús, declarar que sus obras eran del diablo y finalmente, matar a Aquel que les recordaba las cosas que debían cambiar.

Comprender que los negocios del Padre tienen que ver con señales y prodigios no es garantía de que cumpliremos realmente el propósito de Dios para nuestra vida. Es mucho más que hacer milagros o aun que obtener conversiones. Las intervenciones sobrenaturales de Dios tenían como fin revelar el extravagante amor del corazón del Padre por las personas. Cada milagro es una revelación de su naturaleza. Y en esa revelación está implícita una invitación a relacionarnos con Él.

Es muy fácil para nosotros repetir el error de los fariseos. Ellos no entendían el corazón del Padre. Y hay mucha actividad cristiana que no tiene relación alguna con ese supremo valor. En esta hora actual, necesitamos mucho más que aprender a identificar nuestros dones o descubrir maneras de tener más éxito en el ministerio. Necesitamos al

Padre mismo. Necesitamos su presencia, solo su presencia. El evangelio es la historia de un Padre que atrae a los corazones de los seres humanos por medio de su amor. Todo lo demás que hacemos es un subproducto de este descubrimiento.

EL GOZO Y EL PODER DE TODO MINISTERIO

Podemos viajar por todo el mundo predicando el evangelio, pero si no tenemos una revelación personal del corazón de Dios, estamos llevando noticias de segunda mano; una historia sin una relación. Podría salvar personas, porque es la verdad, pero ¡hay tanto más! Jesús, a la edad de doce años, nos enseñó la lección: debemos ocuparnos de los negocios de nuestro Padre. Y los negocios de nuestro Padre brotan de su corazón. Cuando descubrimos esto, encontramos el gozo y el poder de todo ministerio: encontramos su presencia.

La renovación que comenzó en Toronto en 1994 se ha extendido, desde entonces, a todo el mundo. Tanto el corazón del Padre como la presencia del Espíritu Santo son sus puntos fundamentales. En cierto sentido, son lo mismo, o deberíamos decir que son dos caras de una misma moneda. La presencia de Dios siempre revela su corazón.

Así como Jesús reveló el corazón del Padre a Israel, la Iglesia debe manifestarlo al mundo. Somos los portadores de su presencia, los hacedores de su voluntad. Dar lo que hemos recibido, permitirá que Él se manifieste en situaciones que antes estaban cubiertas de tinieblas. Esa es nuestra responsabilidad, y también nuestro privilegio.

TODOS SON CANDIDATOS

Cada uno de los que componen nuestra comunidad es blanco del amor de Dios. No hay excepciones. Los testimonios de transformaciones drásticas vienen de.todos los sectores de la sociedad y de todos los lugares que se puedan imaginar: escuelas, casas, hogares, comercios, plazas, calles y refugios para los sin techo. ¿Por qué? Porque hay cada vez más personas que tienen los "negocios del Padre" en mente. Y lo llevan a Él conscientemente adondequiera que van.

Cuando Jasón, uno de nuestros estudiantes, debió presentarse en un tribunal para integrar un jurado, fue con los negocios del Padre en mente. Mientras iba del estacionamiento al edificio donde se reunían los jurados, vio a dos jóvenes que parecían angustiados. El Señor comenzó a hablarle a Jasón acerca del mayor de los dos. Jasón se acercó y, mientras le ministraba, mencionó problemas específicos que el joven tenía con su padre. El muchacho, dándose cuenta de que Jasón no podía haber obtenido esa información sin que Dios se la proporcionara,[22] aceptó a Cristo.

Jasón, finalmente, entró en el edificio del jurado. Durante un largo descanso, comenzó a orar pidiendo la guía de Dios. Entonces vio a un hombre que estaba al otro extremo de la sala, sentado en una silla de ruedas. Era una silla movida por energía eléctrica, que se accionaba con una palanca en el apoyabrazos. Después de una breve conversación con el hombre, Jasón descubrió que él también era creyente. Lo animó hablándole de las promesas de Dios y luego le pidió que lo mirara. Se tomaron de las manos y oraron. El hombre dejó de sentir dolor, y su cuerpo se fortaleció. Jasón le dijo que se pusiera de pie.

El hombre preguntó: – ¿Y si me caigo?

Jasón le respondió: – ¿Y si no se cae?

Eso fue suficiente para darle el impulso que necesitaba. A la vista de todos, este hombre se puso de pie y comenzó a agitar los brazos. Hacía años que no podía pararse. Jasón se volvió hacia los demás que estaban allí y declaró: – ¡Dios está aquí para sanar!

Antes del final de ese día, otras dos personas habían recibido el toque sanador de Jesús. Ese es el negocio del Padre, y todo creyente debe participar en el cumplimiento de esta tarea privilegiada.

REDESCUBRIR EL PROPÓSITO

Tenemos el privilegio de redescubrir el propósito original de Dios para su pueblo. Los que lo anhelamos, debemos buscarlo con toda el alma. La que sigue es una lista de las cosas que debemos hacer para que nuestra búsqueda sea práctica:

1. **Orar.** Ore específica e incansablemente por milagros en toda su vida. Presente las promesas de Dios ante Él en su petición. Él no ha olvidado lo que dijo, y no necesita que se lo recordemos, pero le agrada ver que nos basamos en su pacto al orar. La oración con ayuno debe ser parte integral de esta búsqueda, ya que Él reveló que es importante para lograr una apertura.[23] Yo suelo orar por enfermedades específicas sobre las que no veo victoria..

2. **Estudiar.** El material de estudio más obvio es *La Biblia*. Pase meses leyendo y releyendo los evangelios. Busque modelos para seguir. Busque, especialmente, todas las referencias al Reino, y pida a Dios que abra para usted los misterios del Reino.[24] El derecho de comprender tales cosas pertenece a los santos que están dispuestos a obedecer. Otra excelente forma de estudiar es buscar todas las referencias a *reformas*, esos períodos de transformación que Israel atravesó bajo la guía de diferentes líderes (de avivamientos)[25] en *La Biblia*. Puede comenzar por David, Ezequías, Esdras y Nehemías. Sus vidas se convirtieron en mensajes proféticos para nosotros. Todo verdadero estudio está motivado por el hambre. Si usted no tiene preguntas, no encontrará respuestas.

3. **Leer.** Busque los libros que fueron escritos por los generales del ejército de Dios, los que verdaderamente hacen cosas. Hay un enorme volumen de información para quienes quieren buscarla. No olvide a los líderes del gran avivamiento de sanidad de los años cincuenta. *Los generales de Dios*, de Roberts Liardon, es un excelente punto de partida.

Si teme leer acerca de personas que luego cayeron en pecado y engaño (algunos terminaron de manera desastrosa), no estudie a Gedeón, Sansón, los proverbios de Salomón y el Cantar de los Cantares: el autor de esos libros también terminó de manera trágica. ¡Debemos aprender a comer la carne y desechar los huesos!

4. **Imponer las manos.** Busque a hombres y mujeres de Dios que tengan unción de milagros. Tal unción puede transferirse a otros por la imposición de manos.[26] Hay momentos en que estas personas están dispuestas a orar por alguien que desea una mayor unción. Yo he viajado mucho, buscando ¡*más*!

5. **Relacionarse.** El rey David es conocido por haber matado a Goliat cuando era joven. Pero en *La Biblia* se habla de, al menos, otros cuatro gigantes que fueron muertos... por los hombres que siguieron a David, el matador de gigantes. Si usted quiere matar gigantes, relaciónese con un matador de gigantes. Algo de esa persona se le pegará a usted.

La gracia es lo que nos permite vivir en el Reino y, en parte, la recibimos según la forma en que respondemos a los dones de Cristo: apóstoles, profetas, evangelistas, pastores y maestros. En realidad, de estos dones recibimos la gracia para funcionar. Si usted anda cerca de un evangelista, pensará evangelísticamente. Lo mismo sucede cuando nos relacionamos con personas que experimentan señales y prodigios en sus vidas con frecuencia.

6. **Obedecer.** No importa cuánto se prepare usted para aumentar la unción de milagros en su vida; nunca llegará a dar fruto si no obedece absolutamente. Debo buscar a los enfermos y atormentados si quiero orar por ellos. Si son sanados, le daré la gloria a Dios. Y si no lo son, igualmente alabaré a Dios y continuaré buscando personas por las cuales orar. Aprendí hace mucho tiempo que si oramos por más personas, serán sanadas más personas. Nuestro conocimiento no es más que teoría si no actuamos basándonos en lo que sabemos. El verdadero aprendizaje se produce haciendo.

EL PODER NO ES OPCIONAL

Jesús dijo: *"Como el Padre me envió, yo los envío a ustedes"*. Él hizo las obras del Padre, y luego nos pasó la posta a nosotros. En el próximo capítulo, descubriremos qué es más importante: si el carácter o el poder. Quizá lo sorprenda la respuesta...

--- NOTAS ---

1. Juan 10:37.
2. 1 Juan 3:8.
3. Lucas 2:11
4. Vea Mateo 2:1.
5. Juan 10:37.
6. Lucas 2:49, (RVR 60).
7. Juan 4:34.
8. Vea Juan 5:19.
9. Juan 5:30.
10. Juan 8:29.
11. Juan 1:29.
12. Mateo 3:17.
13. Lucas 4:18-19.
14. Vea 1 Juan 3:8.
15. Vea Isaías 9:7.
16. Juan 5:19.
17. Juan 8:26.
18. Vea Hebreos 1:3.
19. Vea Juan 14:9.
20. Vea Juan 10:10.
21. Vea 1 Juan 3:8.
22. Esto es lo que llamamos palabra de ciencia: Un creyente sabe algo de otro que no podría saber si Dios no se lo hubiera revelado. Dios suele utilizar este don para demostrarle a la persona que la ama. Esto estimula su fe para que pueda recibir el milagro que llegará a continuación.

23. Vea Marcos 9:29.
24. Vea Mateo 13:11.
25. Muy posiblemente, no encontrará la palabra *reforma* en *La Biblia*. Busque pasajes que hablen de las vidas de estas personas y relatos de renovación o reforma espiritual en la historia de Israel.
26. Vea 2 Timoteo 1:6.

Capítulo 10

INTEGRIDAD Y PODER

> *No me impresiona la vida de nadie, a menos que sea*
> *íntegra. Pero no estaré contento con esa vida si no es*
> *peligrosa.* [1] *Mientras pueda, no permitiré que los que*
> *me rodean se contenten simplemente con ser*
> *buenas personas.*

Muchos creyentes tienen como meta principal en su vida ser ciudadanos respetados en su comunidad. Un carácter íntegro nos permite hacer sólidas contribuciones a nuestra sociedad, pero, en la mayoría de los casos, lo que conocemos como un estilo de vida cristiano puede ser practicado por personas que ni siquiera conocen a Dios. Todo creyente debe ser respetado... y algo más. Ese *algo más* es lo que suele faltar.

Aunque la integridad debe ocupar un lugar central en nuestro ministerio, el poder es lo que revoluciona el mundo que nos rodea. Hasta que la Iglesia retorne al modelo de Jesús para los verdaderos revolucionarios, seguiremos siendo reconocidos por el mundo meramente como buenas personas... mientras los demás siguen atrapados en enfermedades y tormentos, camino al infierno.

Algunos cristianos consideran que es más noble elegir la integridad que el poder. Pero no debemos separarlos. Es una elección injustificable e ilegítima. Juntos, nos llevan a lo que verdaderamente importa: la obediencia.

Cierta vez, mientras enseñaba a un grupo de alumnos sobre la importancia de las señales y los prodigios en el ministerio del evangelio, un joven dijo: "Yo pediré señales y prodigios cuando esté seguro de tener más del carácter de Cristo en mí". Por buena que suene su afirmación, proviene de una mentalidad religiosa, no de un corazón entregado al evangelio de Jesucristo. En respuesta a la preocupación de este alumno, abrí el evangelio de Mateo y leí la comisión que nos dejó el Señor: *"Por tanto, vayan y hagan discípulos de todas las naciones, […], enseñándoles a obedecer todo lo que les he mandado a ustedes"*.[2] Después, le pregunté: *"¿Quién te dio derecho a determinar cuándo estás listo para obedecer el mandato de Jesús?"*.

IMPRESIONAR A DIOS

¿Alguien piensa que puede impresionar a Dios diciendo: "Te obedeceré cuando tenga un carácter más íntegro"? El carácter se moldea por medio de la obediencia. Jesús ordenó a sus discípulos que fueran y, mientras iban, debían enseñar todo lo que Él les había enseñado. Parte de lo que les había enseñado era una capacitación específica sobre cómo vivir y operar en el ámbito de los milagros.[3] Se les ordenó: *"Sanen a los enfermos, resuciten a los muertos, limpien de su enfermedad a los que tienen lepra, expulsen a los demonios"*.[4] Y ahora, ellos eran responsables de enseñar este requisito como estilo de vida para todos lós que quisieran ser seguidores de Jesucristo. De esa forma, la medida que Él había fijado continuaría siendo *la* medida; la norma para todos los que invocaran el nombre del Señor para salvación.

Muchos se consideran indignos de que Dios los use para milagros y, por lo tanto, nunca los buscan. ¿No es irónico que los cristianos desobedezcan a Dios al no buscar los dones espirituales diligentemente –no imponer las manos a los enfermos ni tratar de liberar a los endemoniados– porque se dan cuenta de que necesitan ser más íntegros? Jesús no habló específicamente de la integridad de carácter en ninguna de las comisiones que dio a sus discípulos.

¿Es posible que la razón por la que hay tan pocos milagros en Norteamérica es porque demasiados creyentes pensaron que debían ser mejores cristianos antes de que Dios pudiera usarlos? ¡Sí! Esa única mentira nos ha mantenido en una inmadurez perpetua, porque nos protege de los encuentros de poder que nos transforman. El resultado es que tenemos convertidos tan capacitados y sobrecapacitados que ya no tienen vida, ni visión, ni espontaneidad. Esta próxima generación de convertidos debe ser manejada de otra forma. Debemos ayudarlos dándoles su identidad como cambiadores del mundo, brindarles un modelo de carácter, pasión y poder, y abrirles oportunidades para servir.

Mario Murillo lo expresa de esta forma: "Cuando él tome una Biblia, no buscará la sanidad de sus emociones o de su autoestima. Preguntará dónde está el gatillo y cómo se dispara. Cuando lea la Palabra, querrá aplicarla para tomar los vecindarios para Dios".[5]

LA UNCIÓN, CLAVE DEL CRECIMIENTO PERSONAL

Un carácter como el de Cristo nunca puede desarrollarse en plenitud si no servimos bajo la unción. Un ministerio ungido nos pone en contacto con el poder necesario para una transformación personal.

Tanto el Antiguo como el Nuevo Testamento están llenos de grandes ejemplos de personas a las que se les otorgó poder para hacer cosas sobrenaturales. Encontramos un importante principio en la historia del rey Saúl. Dios habló diciendo que el Espíritu de Dios iba a venir sobre él y lo iba a convertir en otro hombre.[6] La unción transforma al vaso del que fluye. Dos frases claves siguen a esta promesa:

1. *"Dios le cambió el corazón".*

2. *"Entonces el Espíritu de Dios vino con poder sobre Saúl, quien cayó en trance profético junto con ellos [los profetas]".*[7]

Saúl recibió la oportunidad de convertirse en todo lo que Israel necesitaba que él fuera –un rey con un corazón nuevo– y aprender a hacer todo lo que necesitaba hacer: escuchar a Dios y declarar sus palabras, es decir, profetizar.

Un querido amigo mío tenía una terrible falla de carácter que los paralizó espiritualmente a él y a su familia por un tiempo. Pero, durante este tiempo, él conservaba una fuerte unción profética. No era el único que pensó que su éxito en el ministerio era una señal de la aprobación de Dios sobre su vida privada. Muchos han cometido el mismo error a lo largo de los años. Cuando lo confronté con su pecado secreto, lloró con profundo dolor.

Debido a su puesto de influencia en la iglesia, sentí la profunda responsabilidad de disciplinarlo.[8] Ninguna organización es fuerte si no logra disciplinar a sus miembros, sea una empresa, un gobierno, una iglesia o una familia. Parte de la disciplina fue impedirle que profetizara por un tiempo. Él aceptó tal restricción como necesaria.

Después de varios meses de restringirle el ejercicio de su don, comencé a sentirme cada vez más inquieto por lo que leímos sobre el rey Saúl y su relación con la situación de mi amigo. Me di cuenta de que, si no le permitía ministrar (bajo la unción), limitaría su contacto con aquello mismo que iba a sellar y dejar establecida su victoria. Cuando le permití profetizar nuevamente, había una nueva pureza y un nuevo poder en su voz. Fue su encuentro personal con la unción en el ministerio lo que lo convirtió en una nueva persona.[9]

IMITACIONES

El hecho de que existan billetes falsos de cien dólares no anula el valor del billete real. De la misma manera, un don falso, abusado o abandonado no invalida nuestra necesidad del poder del Espíritu Santo para vivir como Jesús vivió.

Las monedas de cinco centavos no se falsifican, porque no vale la pena el esfuerzo de hacerlo. De la misma forma, el diablo solo trabaja para copiar o distorsionar las cosas de la vida cristiana que tienen mayor efecto potencial. Cuando veo a otros que han buscado grandes cosas en Dios, pero han fallado, eso me motiva a seguir a partir de donde ellos dejaron. Eso me dice que hay un tesoro en ese campo, y estoy dispuesto a entregarme por completo a su búsqueda.[10] Los abusos de una persona nunca justifican la negligencia de otra.

Muchos que se sienten avergonzados por los abusos de poder y las consiguientes manchas a la iglesia, rara vez se ofenden por la falta de señales y prodigios. La mirada de los críticos se dirige rápidamente a aquellos que trataron y fallaron, olvidando los millones de personas que confiesan salvación en Jesús, pero nunca buscan los dones como les fue ordenado. Pero los ojos de Jesús miran a ver si hay fe en la Tierra: "*Cuando venga, ¿encontraré fe en la tierra?*".[11] Por cada charlatán, hay mil "buenos ciudadanos" que hacen poco o nada por el Reino.

EL PROPÓSITO DEL PODER

Muchos creen que el poder de Dios existe solamente para ayudarlos a vencer el pecado. Este punto de vista está muy por debajo de lo que el Padre quiere: que seamos testigos de otro mundo. ¿No es extraño que toda nuestra vida cristiana esté dedicada a vencer algo que ya ha sido derrotado? El pecado y su naturaleza han sido arrancados de raíz. Muchos piden constantemente a Dios más poder para vivir en victoria. ¿Qué más puede hacer Él por nosotros? Si su muerte no ha sido suficiente, ¿qué más hay? ¡Esa batalla ya fue librada y ganada! ¿No será que tener siempre presentes cosas que ya fueron solucionadas por la sangre es justamente lo que les da vida a esas cosas?

Muchos, en la iglesia, han acampado del lado equivocado de la cruz. El apóstol Pablo habló sobre este tema cuando dijo: "*De la misma manera, también ustedes considérense muertos al pecado, pero vivos para Dios en Cristo Jesús*".[12] La palabra "*considérense*" señala la necesidad de cambiar de mentalidad. Si estoy muerto para algo, no necesito poder para vencerlo. Pero sí necesito poder para acometer lo milagroso y lo imposible sin temor alguno.[13]

Parte de nuestro problema es que estamos acostumbrados a hacer por Dios solo lo que no es imposible. Aunque Dios no aparezca para ayudarnos, podemos lograrlo. Debe haber un aspecto de la vida cristiana que sea imposible sin intervención divina. Eso nos mantiene alertas y nos pone en contacto con nuestro verdadero llamado.

No se equivoque: la integridad de carácter es un asunto de suprema importancia para Dios. Pero su punto de vista sobre este asunto es muy diferente del nuestro. Su justicia o integridad no se incorpora a nosotros por nuestros propios esfuerzos. Se desarrolla cuando dejamos de esforzarnos y aprendemos a entregarnos completamente a su voluntad.

REVESTIDOS DE PODER

Tan grande era la necesidad de poder de los discípulos para convertirse en testigos que no debían salir de Jerusalén hasta que lo recibieran. Esa palabra *poder* [*dunamis*] hace referencia al ámbito de los milagros. Proviene de *dunamai*, que significa *capacidad*. Piénselo: ¡somos revestidos de la capacidad de Dios!

Los once discípulos que quedaron ya eran las personas más capacitadas en señales y prodigios de toda la historia. Nadie había visto o hecho más, excepto Jesús. Y fueron esos once los que debieron quedarse hasta ser revestidos del poder de lo alto. Cuando lo recibieron, lo reconocieron. El poder llegó como un encuentro con Dios.

Algunos, por temor a los errores, han dicho que no es adecuado buscar una experiencia con Dios. Después de todo, quienes basaron sus creencias en experiencias que están en conflicto con *Las Sagradas Escrituras* han dado origen a muchos grupos engañosos. Si nos guiamos por tales actitudes, el temor se convierte en nuestro maestro. Pero ¿por qué esas mismas personas no temen pertenecer a grupos doctrinalmente estables que no tienen poder? ¿Es este engaño menos peligroso que el del abuso de poder? ¿Prefiere usted enterrar sus dones y decirle al Maestro, cuando venga, que lo hizo porque temía equivocarse? Poder e integridad están tan entrelazados en *La Biblia* que no se puede ser débil en uno sin debilitar al otro.

NUESTRA RELACIÓN CON EL ESPÍRITU SANTO

Hace unos veinticinco años, escuché a alguien decir que si aprendíamos lo que quería decir *no contristar* y *no apagar* al Espíritu Santo, sabríamos el secreto para ser llenos del Espíritu Santo. Aunque esto puede ser demasiado simplista, esa persona mencionó dos verdades muy importantes que apuntan directamente a la trampa de oponer la integridad al poder.

El mandato *"no constristéis al Espíritu Santo de Dios"*[14] explica cómo nuestro pecado afecta a Dios. Le causa dolor. Este mandato apunta a la integridad de carácter. El pecado se define de dos maneras: hacer cosas malas y no hacer cosas buenas. *"Así que comete pecado todo el que sabe hacer el bien y no lo hace"*.[15] Apartarse del carácter de Cristo de cualquiera de estas dos formas entristece y agravia al Espíritu Santo.

Continuando con este tema, tenemos el mandato: *"No apaguen el Espíritu"*.[16] Este mandato apunta a nuestra necesidad de seguir la guía del Espíritu. Apagar significa interrumpir el flujo de algo. Cuando el Espíritu Santo está dispuesto a dar salvación, sanidad y liberación, debemos fluir con Él. No hacerlo es obstaculizar sus esfuerzos por llevarnos a lo sobrenatural.

Si Él se mueve en nuestra vida con libertad, constantemente estaremos involucrados en cosas imposibles. Lo sobrenatural es el ámbito natural para Él. Cuanto más importante se vuelva el Espíritu Santo para nosotros, más importantes serán estos asuntos en nuestro corazón.

BUSQUE UN ENCUENTRO

En algún punto, debemos creer en un Dios que es suficientemente grande como para mantenernos a salvo mientras buscamos más de Él.

En la práctica, el diablo de muchos cristianos es más grande que su Dios. ¿Cómo puede un ser creado y caído compararse con el infinito Dios de gloria? Es una cuestión de confianza. Si me concentro en mi necesidad de protegerme del engaño, siempre estaré terriblemente consciente del poder del diablo. Si mi corazón está totalmente vuelto hacia aquel que puede guardarme de caer,[17] Él es el único que podrá impresionarme. Mi vida refleja lo que veo con mi corazón.

Entonces, ¿cómo andar en el poder de Dios? Primero, debemos buscarlo a Él. La vida de poder es una vida de permanecer en Cristo, de estar siempre conectados con la fuente de energía. El hambre de la demostración de poder no debe separarse de nuestra pasión por Él. Pero tenga en cuenta esto: nuestra hambre de Él, en parte, debe demostrarse por medio de nuestra ansiosa búsqueda de los dones espirituales.[18] ¡Él lo ha ordenado así!

En esta búsqueda, yo debo desear apasionadamente tener encuentros con Dios que me cambien la vida, una y otra vez. Debo clamar día y noche por ellos... y ser específico. Debo estar dispuesto a viajar para recibir lo que necesito. Si Dios se está moviendo en un lugar que no es aquel donde yo vivo, ¡debo ir allí! Si está usando a alguien que no soy yo, debo ir humildemente a donde esa persona está y pedirle que ore por mí imponiéndome las manos.

Algunos se preguntarán: "¿Acaso Dios no puede tocarme donde estoy?". Sí, puede. Pero generalmente actúa de maneras que enfatizan nuestra necesidad de otros, en lugar de fomentar nuestra independencia. Los hombres sabios siempre han estado dispuestos a viajar.

MI HISTORIA:
GLORIOSA, PERO NO AGRADABLE

En mi búsqueda personal de mayor poder y unción en mi ministerio, he viajado a muchas ciudades, entre ellas, Toronto. Dios ha usado mis experiencias en esos lugares para prepararme para encuentros que pueden cambiar la vida en mi ciudad.

Cierta vez, en la mitad de la noche, Dios vino en respuesta a mi oración por más de Él, pero no de la forma que yo lo esperaba. Pasé de un sueño profundo a estar totalmente despierto en un instante. Un poder inexplicable comenzó a latir por todo mi cuerpo; casi parecía una electrocución. Era como si hubiera sido conectado a un tomacorriente, y mil voltios recorrieran mi cuerpo. Mis brazos y piernas se convulsionaban en silenciosas explosiones, como si algo estuviera disparándose a través de mis manos y mis pies. Cuanto más trataba de detenerlo, más fuerte se hacía.

Pronto descubrí que no podía ganar la pelea. No escuché ninguna voz ni vi ninguna visión. Pero esta fue, sencillamente, la experiencia más abrumadora que he tenido en mi vida. Era poder puro…, era Dios. Él llegó en respuesta a una oración que hacía meses que yo hacía: "¡Dios, quiero más de ti, cueste lo que cueste!".

La noche anterior había sido gloriosa. Teníamos reuniones con un buen amigo y profeta, Dick Joyce. Era el año 1995. Al final de la reunión, oré por un amigo que tenía problemas para experimentar la presencia de Dios. Le dije que sentía que Dios iba a sorprenderlo con un encuentro que podía producirse en mitad del día, o a las tres de la madrugada. Cuando el poder cayó sobre mí esa noche, miré el reloj. Eran exactamente las tres de la madrugada. Entonces supe que todo estaba planeado de antemano.

Hacía meses que yo le pedía a Dios que me diera más de Él. No sabía bien cómo orar, ni en qué doctrina se basaba mi pedido. Lo único que sabía era que tenía hambre de Dios. Ese había sido mi constante clamor, día y noche.

Ese momento divino fue glorioso, pero no placentero. Al principio, me sentí avergonzado, aunque nadie más sabía que yo estaba en esa situación. Mientras estaba allí tendido, tuve la imagen mental de mí mismo, de pie frente a mi congregación, predicando la Palabra, como me encanta hacer. Pero me veía con las piernas y los brazos sacudiéndose como si tuviera serios problemas físicos. Luego, la imagen cambió, y me vi caminando por la calle principal de nuestra ciudad, delante de mi restaurante favorito, una vez más con los brazos y piernas moviéndose sin control.

No conocía a nadie que pudiera creer que esto era de Dios. Recordé a Jacob y su encuentro con el ángel de Jehová. Él quedó cojo por el resto de su vida. Y también María, la madre de Jesús. Tuvo una experiencia con Dios que ni siquiera su prometido creyó, aunque la visita de un ángel lo ayudó a cambiar de idea. Como consecuencia, dio a luz al niño Jesús… y luego sufrió durante toda su vida el estigma de ser "la madre del hijo ilegítimo". Cada vez lo veía más claro: el favor de Dios, algunas veces, se ve diferente desde la perspectiva del cielo, que de la Tierra. Mi pedido de recibir más de Dios tenía un precio.

La almohada quedó mojada con mis lágrimas. Recordé mis oraciones de los meses anteriores y las comparé con las escenas que acababan de pasar por mi mente. Antes que nada, pude darme cuenta de que Dios quería hacer un intercambio: más de su presencia por mi dignidad. Es difícil explicar cómo uno llega a saber el propósito de un encuentro así. Lo único que puedo decir es que uno lo sabe. Sabe cuál es el propósito de Dios tan claramente que toda otra realidad se diluye entre sombras, cuando Dios apunta a esa única cosa que a Él le importa.

En medio de las lágrimas, llegué a un punto sin retorno. Me entregué sin reservas, llorando: "¡Más, Dios, más! ¡Debo tener más de ti, cueste lo que cueste! Si pierdo respetabilidad y te gano a ti a cambio, lo haré gustoso. ¡Solo dame más de ti!".

Los temblores no se detuvieron. Continuaron toda la noche, y yo continué orando y llorando. "¡Más, Señor, más, por favor, dame más de ti!". Todo terminó a las 6:38 de la mañana, y me levanté de la cama completamente renovado. Esta experiencia se repitió las dos noches siguientes, comenzando apenas me metía en la cama.

CONTRA LA CORRIENTE

La pasión bíblica es una misteriosa mezcla de humildad, hambre sobrenatural y fe. Busco porque he sido buscado. El letargo no debe tener lugar en mí. Y si la vida del cristiano medio a mi alrededor no llega a la medida bíblica, debo buscar aunque tenga que ir contra la corriente. Si las personas no son sanadas, no debo buscar una explicación racional para que todos los que me rodean se sientan cómodos con el vacío. Por el contrario, buscaré la sanidad hasta que llegue o hasta que la persona se vaya con el Señor.[19] No rebajaré la medida de *La Biblia* al nivel de mi experiencia.

Jesús sanó a todos los que se acercaron a Él. Aceptar cualquier otra medida es rebajar *La Biblia* al nivel de nuestra experiencia y negar la naturaleza de Aquel que no cambia.

En cuanto al ministerio de poder, lo que recibo de Dios, debo darlo. Solo podemos conservar aquello que damos. Si queremos ver personas sanadas, busquemos a quienes están enfermos y ofrezcámonos a orar por ellos. Aunque no soy yo el sanador, sí puedo controlar mi propia disposición para servir a los necesitados. Si ministro a los que están en necesidad, le doy a Dios una oportunidad para demostrar su generoso amor por las personas. El ministerio de señales y prodigios no llegará a nada si tememos al fracaso. Como dice Randy Clark: "Para tener éxito, debo estar dispuesto a fracasar".

BUSCAR FRUTOS

Jesús dijo que debemos recibir el Reino como un niño. La vida de poder está en su ámbito natural en el corazón de un niño. Un niño tiene un apetito insaciable de aprender. Sea como un niño, y lea las obras de quienes han tenido éxito en el ministerio de sanidad. Apártese de libros y grabaciones de quienes dicen que no se debe o no se puede hacer. Si el autor no anda con poder, no lo escuche, por beneficioso que sea en otros aspectos. Un experto en finanzas bíblicas no es necesariamente un experto en señales y prodigios. Respete el lugar de esa persona en Dios y su área de especialización, pero nunca desperdicie su precioso tiempo leyendo a aquellos que no saben sobre lo que enseñan. Nos hemos llenado de teorías de cristianos que nunca salieron de un aula. ¡Debemos aprender de los que hacen!

Alguien, una vez, me trajo un libro donde se criticaba el avivamiento que comenzó en Toronto en enero de 1994. Me negué a leerlo, y lo descarté. Podrían decir que no soy demasiado abierto. Y yo diría que es cierto. Soy responsable de proteger lo que Dios me ha dado. Nadie más tiene esa misión. Ardiendo en mi alma, hay una parte de la llama original del día de Pentecostés que ha sido transmitida de generación en generación. Ese fuego arde profundamente en mi interior, y por él, nunca volveré a ser el mismo. Mi pasión por Jesús crece continuamente. Y las señales y los prodigios que Él prometió, suceden como algo habitual en mi vida.

Para mí, prestar atención a las críticas a este avivamiento sería como escuchar a alguien que trate de demostrarme que no debería haberme casado con mi esposa, sino con otra mujer. Primero, amo a mi esposa y no me interesa nadie más. Segundo, me niego a aceptar las ideas de cualquiera que desee debilitar mi amor por ella. Solo aquellas ideas que refuercen mi compromiso con mi esposa tendrán permiso para entrar en mí. Si hiciera otra cosa, sería un necio.

Los que critican este avivamiento, sin saberlo, están intentando separarme de mi primer amor. No les daré lugar. Tengo muchos amigos que pueden leer los libros de los críticos sin que los afecten. Los respeto por su capacidad para meter las manos en el barro sin ensuciarse el corazón, pero no me interesa hacerlo. No es mi don. Debemos aprender cómo funcionamos mejor, y luego, ¡funcionar de esa forma!

Aunque no tengo tiempo para los que critican, sí acepto las "heridas de un amigo".[20] Las correcciones ofrecidas por relaciones importantes en nuestra vida nos impiden caer en el engaño.

¿Y SI NADA SUCEDE?

Si enseñamos, predicamos o testificamos sin que nada suceda, debemos volver a lo básico: a ponernos de rodillas. No excusemos la falta de poder. Durante décadas, la Iglesia ha sido culpable de crear doctrinas para justificar su falta de poder, en lugar de clamar a Dios para que la cambiara. La mentira que ha llegado a creer, hizo surgir toda una rama de la teología que ha infectado al cuerpo de Cristo con el miedo al Espíritu Santo, y que engaña proclamando la intención de no caer presa de engaño. La Palabra debe avanzar con poder. El poder es el ámbito del Espíritu. Una palabra sin poder es letra, no Espíritu. Y todos sabemos que *"la letra mata, pero el Espíritu da vida"*.[21] Cuando ministramos la Palabra, debe haber vidas cambiadas. Recuerde que el mayor milagro de todos, el más precioso, es la conversión.

"Pues Cristo no me envió a bautizar sino a predicar el evangelio, y eso sin discursos de sabiduría humana, para que la cruz de Cristo no perdiera su eficacia".[22] Si el evangelio no tiene eficacia –poder–, es porque la sabiduría humana ha hecho sentir su influencia.

ORACIÓN: EL CAMINO AL PODER

Toda vez que me he tomado el tiempo de buscar a Dios pidiéndole poder para respaldar su mensaje, siempre me ha dado más. Más milagros. Aprendí algo muy útil de Randy Clark al respecto. Cuando él ve que hay ciertas clases de sanidades que no se producen en sus reuniones, clama a Dios mencionando enfermedades específicas en sus oraciones. En un tiempo, había muy pocos milagros relacionados con el cerebro (como casos de dislexia). Después de clamar por esta clase de manifestaciones milagrosas, comenzó a ver un cambio. He seguido su ejemplo y nunca vi que Dios fallara. Los pedidos específicos son buenos porque se pueden medir. Algunas de nuestras oraciones son demasiado generales. Dios podría contestarlas sin que nosotros nos diéramos cuenta.

Después de aprender este principio del ejemplo de Randy, comencé a orar por problemas del cerebro. Un milagro de este tipo le sucedió a una mujer llamada Cindy. Le habían dicho que un tercio de su cerebro estaba "desconectado" y, como consecuencia de esto, tenía veintitrés problemas de aprendizaje. No podía hacer nada que tuviera que ver con memorización, números ni mapas. En uno de nuestros cultos de los viernes por la noche, Cindy se puso en la fila para pedir que oráramos para que Dios la bendijera. Cuando oramos por ella, cayó bajo el peso de la gloria de

Dios. Mientras estaba tendida, abrumada por el poder de Dios, tuvo una visión en la que Jesús le preguntaba si deseaba que la sanara. Obviamente, contestó que sí. Él le dio una orden, y ella se levantó de un salto del suelo y corrió a buscar su Biblia. Por primera vez en su vida, todo allí estaba donde debía estar en la página. Cuando testificó de su milagro, un par de semanas después, citó varios pasajes que había memorizado en ese breve tiempo.

PAGUE AHORA O PAGUE DESPUÉS

Escuchamos mucho hablar de lo que cuesta la unción. Sin duda, andar con Dios en poder les costará algo a todos los que sigan ese mandato. Pero la ausencia de poder es aun más costosa. En el próximo capítulo, descubriremos cómo nuestra falta de poder afecta a la eternidad.

─── NOTAS ───

1. Peligrosa para los poderes del infierno y las obras de las tinieblas.
2. Mateo 28:19.
3. Mateo 10:1, 5-8, 17 y Lucas 9:1-6.
4. Mateo 10:8.
5. *Fresh Fire* [Fuego nuevo], de Mario Murillo, pág. 85, Anthony Douglas Publishing.
6. Vea 1 Samuel 10:6.
7. 1 Samuel 10:9-10.
8. La disciplina puede llevar a una persona a la victoria personal, pero el castigo ata con vergüenza.
9. Esta ilustración no debe interpretarse como un desmerecimiento de la importancia de la disciplina. La disciplina bíblica no es castigo. Es decidir, en amor, restricciones que son lo mejor para la persona y para toda la familia de la iglesia. La extensión de esta disciplina estaba acercándose al punto en que pasaría a ser un castigo y le hubiera impedido a mi amigo justamente aquello que necesitaba.

10. Entrega no es lo mismo que negligencia espiritual. La mayoría de los fracasos en el pasado se produjeron porque los líderes se distanciaron demasiado de las personas que Dios puso en sus vidas. Yo busco cosas peligrosas, pero rindo cuentas y me esfuerzo por proteger mis relaciones en todos los niveles. Creo que esto es el ambiente de seguridad que muchos han abandonado en su búsqueda del "tesoro en el campo".

11. Vea Lucas 18:8.

12. Romanos 6:11.

13. Vea Hechos 4:28-29.

14. Efesios 4:30 (RVR 60).

15. Santiago 4:17.

16. 1 Tesalonicenses 5:19.

17. Vea Judas 24-25.

18. 1 Corintios 14:1.

19. ¡Aquí podríamos comenzar a orar por una resurrección!

20. Vea Proverbios 27:6.

21. 2 Corintios 3:6.

22. 1 Corintios 1:17.

Capítulo 11

EL ALTO PRECIO DE LA FALTA DE PODER

*Ganad para el Cordero que fue inmolado
la recompensa de su sufrimiento.*

LOS MORAVOS

E l avivamiento es el ambiente en que el poder de Cristo puede verse manifestado con mayor facilidad. Toca cada parte de la vida humana, e irrumpe en la sociedad con chispas de revolución. Esa gloria tiene un precio y no debe ser tomada a la ligera. No obstante, una iglesia sin poder es mucho más costosa en lo que a sufrimiento humano y almas perdidas concierne. Durante un avivamiento, el infierno es saqueado y el cielo se llena. Sin el avivamiento, el infierno se llena… y punto.

Permítame ilustrar la necesidad de señales y prodigios en nuestra búsqueda por ver a nuestras ciudades transformadas y a la gloria de Dios llenar la Tierra. Sin lo que sigue, el mundo sufre, Dios sufre agravio, y somos los más dignos de conmiseración de todos los hombres:

1. LAS SEÑALES Y PRODIGIOS REVELAN LA NATURALEZA DE DIOS

Un propósito principal de los milagros es revelar la naturaleza de Dios. La falta de milagros obra como un ladrón y roba preciosas revelaciones que están al alcance de todo hombre, mujer y niño. Nuestro deber para con la humanidad es darles respuestas para lo imposible y un encuentro personal con Dios. Y ese encuentro debe manifestar gran poder.[1]

Debemos ser testigos de Dios. Dar testimonio es 'representar'. Esto, de hecho, significa re-presentar. Por lo tanto, representar a Dios sin poder es un terrible obstáculo. Es imposible dar un testimonio adecuado de Dios sin demostrar su poder sobrenatural. Lo sobrenatural es el ámbito normal para Él. Jesús era la exacta representación de la naturaleza de su Padre.[2] Su representación del Padre debe ser el modelo para nosotros al aprender a re-presentarlo.

Los milagros de Dios siempre tienen propósito. Él no viene sobre una persona con poder para hacerse ver o entretenernos. Las demostraciones de poder son de naturaleza redentora. Aun las actividades cataclísmicas del Antiguo Testamento tenían como fin llevar a las personas al arrepentimiento.

La sanidad nunca tiene una sola dimensión. Aunque un milagro puede cambiar la salud física de una persona, también enciende una revolución en lo profundo de su corazón. Ambos revelan la naturaleza de Dios, que nunca debe ser representada erróneamente por medio de un cristianismo sin poder.

2. LAS SEÑALES Y PRODIGIOS EXPONEN EL PECADO Y FUERZAN A LAS PERSONAS A TOMAR UNA DECISIÓN

"Al ver esto [la pesca milagrosa]*, Simón Pedro cayó de rodillas delante de Jesús y le dijo: —¡Apártate de mí, Señor; soy un pecador!".*[3]

Pedro había estado pescando toda la noche sin resultado. Jesús le dijo que echara la red al otro lado del barco, cosa que, sin duda, él ya había hecho muchas veces. Pero cuando lo hizo en obediencia a la orden del Maestro, capturó tantos peces que casi se hunde el barco. Pedro pidió ayuda a otros barcos. Su reacción ante el milagro fue decir: "Soy un pecador".

¿Quién le dijo que era un pecador? No hay registro de que haya habido sermón, reprensión o cosa alguna por el estilo en el barco aquel día; solo una buena pesca. Entonces, ¿cómo llegó Pedro a tal convicción de pecado? Fue el milagro. El poder expone. Traza una línea en la arena y obliga a las personas a tomar una decisión.

Las demostraciones de poder no son garantía de que una persona se arrepienta. Basta con mirar a Moisés para darnos cuentas de que, algunas veces, nuestro Faraón se vuelve más decidido a destruirnos cuando ve el poder. Sin los actos de poder, los fariseos, tal vez, habrían olvidado a la Iglesia que nació de la sangre de Jesús derramada en la cruz. El poder estimuló el celo de la oposición en ellos. Debemos reflexionar sobre este asunto: el poder suele hacer que las personas deban decidir si estarán a favor o en contra. El poder hace desaparecer el terreno intermedio.

Los ministerios de misericordia son totalmente esenciales para el ministerio del evangelio. Son una de las formas en que puede –y debe– verse el poder de Dios. Pero no están completos sin demostraciones de poder. ¿Por qué? La realidad es esta: el mundo suele aplaudir tales esfuerzos, porque sabe que debería estar haciéndolos. Debemos aceptar la triste realidad: es común que la gente acepte la bondad de la iglesia... sin sentir arrepentimiento. Pero el poder los obliga a hacerlo, debido a su inherente capacidad para humillar al ser humano.

Jesús dijo: *"Si yo no hubiera hecho entre ellos las obras que ningún otro antes ha realizado, no serían culpables de pecado"*.[4]

¿Quiere decir que el pecado no existía en los corazones de los judíos hasta que Él hizo sus milagros? Lo dudo. Lo que está explicando es el principio que se revela en el arrepentimiento de Pedro. El poder expone el pecado y lleva a las personas al punto de tomar una decisión. Cuando no hay poder, no estamos usando las armas que tenía Jesús en su arsenal cuando ministraba a los perdidos. ¿Cuál es el resultado? La mayoría de las personas siguen perdidas. El poder las obliga a tomar conciencia de Dios de manera personal, y plantea una exigencia por su propia naturaleza.

3. LAS SEÑALES Y LOS PRODIGIOS DAN VALOR

"La tribu de Efraín, con sus diestros arqueros,
se puso en fuga el día de la batalla.
No cumplieron con el pacto de Dios,
sino que se negaron a seguir sus enseñanzas.
Echaron al olvido sus proezas,
las maravillas que les había mostrado".[5]

Una parte muy profunda de la cultura judía estaba moldeada por el mandato de guardar los testimonios de Jehová. La familia misma se movía basada en la revelación continua de Dios que contenían sus mandamientos y testimonios. Debían hablar de la ley de Dios y lo que Dios había hecho al ir a dormir por la noche, al levantarse por la mañana, mientras caminaban, etc. Cualquier momento del día era una ocasión perfecta para hablar de las maravillosas obras de Dios.

Para asegurarse de que no lo olvidaran, debían construir monumentos que los ayudaran a recordar la invasión de Dios en su vida. Por ejemplo: apilaron piedras para marcar el lugar donde Israel cruzó el río Jordán.[6] Lo hicieron para que, cuando sus hijos les preguntaran: "Papá, ¿para qué está ahí esa pila de piedras?", pudieran contestarles con la historia de cómo Dios había obrado entre ellos.

El testimonio de Dios provoca hambre de más actividad de Dios. Cuando la gente tiene conciencia de la naturaleza sobrenatural de Dios y su pacto, la expectativa crece. Cuando la expectativa crece, crecen los milagros. Cuando crecen los milagros, crecen los testimonios. Es un ciclo. El simple acto de dar un testimonio de lo que Dios hizo, puede motivar a otros a esperar hasta ver obrar a Dios en su tiempo.

También sucede lo contrario. Cuando hay menos milagros, menos milagros se esperan. Si hay menos expectativa de milagros, se producen menos milagros todavía. Como vemos, esta también es una espiral, solo que negativa. Borrar el testimonio de nuestros labios, con la consecuencia de olvidar lo que Dios ha hecho, en última instancia, nos vuelve temerosos en el día de la batalla. La historia de los hijos de Efraín es trágica porque ellos estaban verdaderamente equipados para vencer. Solo les faltaba valor. Su valor debía provenir del recuerdo de quién había sido Dios para ellos.

4. Lo sobrenatural es la clave para las ciudades pecadoras del mundo

"Entonces comenzó Jesús a denunciar a las ciudades en que había hecho la mayor parte de sus milagros, porque no se habían arrepentido. «¡Ay de ti, Corazín! ¡Ay de ti, Betsaida! Si se hubieran hecho en Tiro y en Sidón los milagros que se hicieron en medio de ustedes, ya hace tiempo que se habrían arrepentido con muchos lamentos. Pero les digo que en el día del juicio será más tolerable el castigo para Tiro y Sidón que para ustedes.
Y tú, Capernaúm, ¿acaso serás levantada hasta el cielo? No, sino que descenderás hasta el abismo. Si los milagros que se hicieron en ti se hubieran hecho en Sodoma, ésta habría permanecido hasta el día de hoy. Pero te digo que en el día del juicio será más tolerable el castigo para Sodoma que para ti.»".[7]

Este pasaje de *La Biblia* distingue entre ciudades religiosas y ciudades conocidas por su pecado. La ciudad religiosa tenía adormecida la conciencia de su necesidad de Dios, mientras la ciudad pecadora sabía que algo le faltaba.[8] La religión es aun más cruel que el pecado.

Las ciudades a las que Jesús habla aquí vieron más señales y prodigios que todas las demás juntas. Los milagros que Jesús hizo fueron tantos que el apóstol Juan dijo que para escribirlos no alcanzarían todos los libros del mundo.[9] Esto nos da una perspectiva de lo que significa la represión de Jesús sobre estas ciudades de corazón endurecido.

Jesús estaba limitado en lo que podía hacer en Nazaret debido a la incredulidad de sus pobladores.[10] Pero los milagros que pudo hacer en Corazín y Betsaida, aparentemente, son incontables, lo cual sugiere que estas ciudades tenían una cierta medida de fe. Su dura represión, aparentemente, no se debía al hecho de que no apreciaran sus milagros. Seguramente los apreciaban. El problema era que simplemente lo agregaron a lo que ya estaban haciendo, en lugar de convertir a Jesús en el centro de sus vidas. Eso es lo que hace la religión. Como Jesús dijo, no se arrepintieron, no cambiaron su forma de pensar; es decir, no modificaron su perspectiva sobre la vida misma.

Muchos disfrutan de la actividad de Dios, pero no se arrepienten genuinamente; es decir, no cambian su perspectiva sobre la vida, convirtiendo a Jesús en el centro y la ambición de su vida. La revelación que les llegó por medio del milagro aumenta su responsabilidad y les exige un cambio que nunca se produce.

La unción en Capernaúm era tan grande que algunas traducciones dicen que había sido "exaltada hasta el cielo". ¿Estaría diciendo Jesús que el ambiente de milagros que la rodeaba era tan grande que la convertía en la ciudad más celestial que hubiera en la Tierra? Si así fuera, Capernaúm se convirtió, por un breve tiempo, en el ejemplo de *"en la Tierra como en el cielo"*. Dieron lugar a la gran obra de Dios, pero no cambiaron lo suficiente su vida como para convertirlo a Él en su principal centro de atención.

Pero hay otro mensaje en esta historia. Tiro, Sidón y Sodoma se hubieran arrepentido si hubieran sido testigos del mismo derramamiento. ¿Lo escuchó? ¡Sí, se habrían arrepentido! Esta es una promesa profética para hoy. Los milagros que ocurran en las calles de las ciudades pecadoras de este mundo harán que ellas se arrepientan. Es este el secreto que nos da acceso al corazón de estas grandes ciudades. Las San Francisco y Ámsterdam, Nueva Orleáns y Río de Janeiro de este mundo se arrepentirán..., si hay un ejército de santos, llenos del Espíritu Santo, andando por sus calles, cuidando a los quebrantados, llevando el Dios de poder a sus imposibles circunstancias. Esas ciudades se arrepentirán. Es una promesa. Simplemente, están esperando que vayan los que tienen el mensaje del Reino.

La falta de poder cancela esa posibilidad, y lo que viene en su lugar es el juicio de Dios

5. Los milagros revelan la gloria de Dios

"Ésta, la primera de sus señales, la hizo Jesús en Caná de Galilea. Así reveló su gloria, y sus discípulos creyeron en él". [11]

Jesús asistió a una boda donde se quedaron sin vino. Él aún no había realizado ninguna de las señales por las que luego se haría famoso. María sabía quién era su hijo, y lo que podía hacer. Así que, en ese momento de necesidad, María, su madre, se volvió hacia Él y le dijo: *"No tienen vino"*. Jesús le respondió diciendo: *"Mujer, ¿eso qué tiene que ver conmigo? Todavía no ha llegado mi hora"*. Pero entonces, María hizo algo extraño: se volvió hacia los sirvientes y les dijo: *"Hagan lo que él les ordene"*.[12] La fe de María abrió las puertas para la generosidad de Dios. A continuación, Jesús hizo el milagro de convertir el agua en vino.

Ahora bien, ¿qué sucedió allí realmente? Es importante recordar que Jesús solo hacía lo que veía hacer al Padre, y solo decía lo que escuchaba decir al Padre. Cuando María le mencionó por primera vez la necesidad de vino a Jesús, podemos decir que Él vio que el Padre no estaba involucrado en ningún milagro para esa boda. Además, sabía que no era *"su hora"*, es decir, el tiempo de revelarse como "hacedor de milagros". Eso fue lo que provocó su respuesta: *"Mujer, ¿eso qué tiene que ver conmigo? Todavía no ha llegado mi hora"*. Pero María respondió con fe e indicó a los sirvientes que hicieran *"lo que él les ordene"*.

Jesús volvió a fijarse qué estaba haciendo el Padre y ahora vio que Él estaba convirtiendo el agua en vino. Así que siguió su guía e hizo el milagro. La fe de María tocó de tal manera el corazón del Padre que, aparentemente, Él cambió el momento elegido para revelar a Jesús como hacedor de milagros. La fe mueve al cielo para que el cielo mueva a la Tierra.

Según Juan 2:11, esta demostración del poder de Dios hizo caer la gloria del Señor en ese lugar. Las señales y los prodigios hacen eso. Hacen caer la gloria de Dios en nuestras ciudades. La necesidad –ya sea enfermedad física, pobreza, opresión, etc.– representa el impacto de las tinieblas. El milagro desplaza a las tinieblas y las reemplaza por la luz: la gloria. Cuando no hay milagros, tampoco hay gloria de Dios, que es la presencia manifiesta de Jesús.

A medida que se manifiesta, la gloria desplaza a los poderes de las tinieblas y los reemplaza por la presencia gobernante de Dios. La casa queda *"limpia y barrida"* y se llena del mobiliario del cielo.[13] Cuando se remueven los poderes de las tinieblas, es necesario reemplazarlos con las cosas adecuadas, o el enemigo tendrá derecho legal de regresar y hacer que el estado final del hombre sea peor que el primero. Los milagros logran ambas cosas: remueven la influencia y el gobierno del infierno, y establecen la presencia y el gobierno de Dios.

¿Cómo cubrirá la presencia de Dios toda la Tierra? Creo que, al menos, en parte, será por medio de un pueblo que camine en poder, llevando el testimonio de Jesús a las naciones del mundo. Habrá una generación que captará esto e invadirá el sistema mundano con el testimonio vivo de quién es Jesús

6. LAS SEÑALES MOTIVAN A LAS PERSONAS A DAR GLORIA A DIOS

"Al ver esto, la multitud se llenó de temor, y glorificó a Dios por haber dado tal autoridad a los mortales".[14]

Yo hablo del poder de Dios para hacer milagros en casi toda reunión que dirija, sea un culto tradicional, una conferencia o aun una reunión de junta directiva o de personal. Cuando hablo fuera de mi iglesia, suelo hacerlo para estimular la fe y ayudar a mis oyentes a dirigir sus corazones a Dios. Cuando termino, les pregunto: – ¿Cuántos de ustedes alabaron y glorificaron a Dios al escuchar estos testimonios?

La mayoría levanta la mano. Después, les recuerdo algo muy importante: – Si no hubiera habido poder, y por lo tanto, no hubiera habido testimonio, Dios no habría recibido esta gloria. Sin poder, le robamos a Dios la gloria que le corresponde.

7. LAS SEÑALES, EN SÍ MISMAS, DAN GLORIA A DIOS

"Alaben al SEÑOR, todas sus obras
en todos los ámbitos de su dominio.
¡Alaba, alma mía, al SEÑOR!".[15]

"Que te alaben, SEÑOR, todas tus obras;
que te bendigan tus fieles".[16]

Los milagros no solo conmueven el corazón del hombre para que dé gloria a Dios, sino también le dan gloria por sí mismos. No entiendo bien cómo funciona esto, pero, en algún sentido, los actos de Dios tienen vida en sí mismos y contienen la capacidad de dar gloria a Dios sin ayuda de un ser humano. La ausencia de milagros le roba a Dios la gloria que Él debe recibir de la vida que liberan sus propias obras.

8. LOS MILAGROS SON UNA FUERZA UNIFICADORA PARA LAS GENERACIONES

"Cada generación celebrará tus
obras y proclamará tus proezas".[17]

"No las esconderemos de sus descendientes;
hablaremos a la generación venidera
del poder del SEÑOR, de sus proezas,
y de las maravillas que ha realizado.
Él promulgó un decreto para Jacob,

dictó una ley para Israel; ordenó a nuestros
antepasados enseñarlos a sus descendientes,
para que los conocieran las generaciones
venideras y los hijos que habrían de nacer,
que a su vez los enseñarían a sus hijos.
Así ellos pondrían su confianza en Dios…"[18]

Israel debía construir monumentos en memoria de las actividades de Dios. ¿Para qué? Para que hubiera un recordatorio en la vida diaria para las futuras generaciones, para que supieran quién es Dios y cómo es su pacto con su pueblo.

El testimonio debía ser tanto un registro de la actividad de Dios con su pueblo como una invitación para que otros lo conocieran de esa forma. Una generación iba a hablar del testimonio de Dios a la siguiente. No dice que la generación mayor hablaría a la más joven. Aunque con frecuencia se interpreta así este versículo, es igualmente cierto que una generación más joven iba a experimentar a Dios y los más grandes se iban a beneficiar de ello. Los encuentros con el Dios todopoderoso se convierten en un factor de unificación para las generaciones.

9. LAS SEÑALES Y PRODIGIOS CONFIRMAN QUIÉN ES JESÚS

"Si no hago las obras de mi Padre, no me crean. Pero si las hago,
aunque no me crean a mí, crean a mis obras, para que sepan y
entiendan que el Padre está en mí, y que yo estoy en el Padre".[19]

Jesús dijo a los judíos que, si tenían problemas para creer que Jesús era su Mesías, simplemente miraran los milagros y los creyeran. ¿Por qué? Porque una señal siempre nos lleva a alguna parte. Él no tenía miedo de adónde los llevarían sus señales. De alguna manera, ese sencillo paso de creer en lo que vieran les permitiría, finalmente, creer en Jesús mismo[20] (como ocurrió con Nicodemo). Todos los milagros eran un testimonio de la identidad de Jesús. Sin milagros, no puede haber una revelación plena de Jesús.

10. LOS MILAGROS HACEN QUE LA GENTE PRESTE ATENCIÓN A LA VOZ DE DIOS

"Al oír a Felipe y ver las señales milagrosas que realizaba, mucha gente se reunía y todos prestaban atención a su mensaje".[21]

Felipe fue el mensajero de Dios para la ciudad de Samaria. Ellos pudieron prestar atención a sus palabras, considerándolas provenientes de Dios porque vieron los milagros. Los actos de poder ayudan a las personas a sintonizar su corazón a las cosas de Dios. Ayuda a liberarlos de la mentalidad racionalista de que este mundo material es la única realidad. Tal cambio de perspectiva es esencial para poder dar la respuesta más básica a Dios. En resumen, eso significa *arrepentimiento*. Los milagros ofrecen la gracia para el arrepentimiento.

La desesperación que causan los milagros es, en parte, responsable de este fenómeno. A medida que nuestro interés se aparta de todo lo que es natural, dirigimos nuestra atención a Dios. Este cambio de corazón abre tanto los ojos como los oídos del corazón y podemos ver lo que ha estado delante de nosotros todo el tiempo, y escuchamos lo que Dios viene diciéndonos de toda la vida.

Los milagros provocan un cambio de prioridades. Son una ayuda importante para permitirnos escuchar con mayor claridad. Sin ellos, tendemos a dejarnos guiar por nuestra mente, y lo llamamos "espiritualidad".

11. LOS MILAGROS HACEN QUE LAS PERSONAS OBEDEZCAN A DIOS

"No me atreveré a hablar de nada sino de lo que Cristo ha hecho por medio de mí para que los gentiles lleguen a obedecer a

Dios. Lo ha hecho con palabras y obras, mediante poderosas señales
y milagros, por el poder del Espíritu de Dios. Así que, habiendo
comenzado en Jerusalén, he completado la proclamación del
evangelio de Cristo por
todas partes, hasta la región de Iliria".[22]

Aquí, el apóstol Pablo demuestra cómo los gentiles fueron llevados al arrepentimiento por el poder del Espíritu de Dios, expresado en señales y milagros. Esto es lo que él consideraba una predicación completa del evangelio. No era un mensaje completo si no había demostración del poder de Dios. ¡Así es como Dios dice *amén* a su propia palabra!

La Biblia está llena de historias de héroes que cobraron coraje para obedecer a Dios en las circunstancias más difíciles por medio de un encuentro personal con un milagro. Nada emociona más al corazón que conocer a Dios. Él tiene un poder ilimitado. Él está a favor nuestro, no en contra nuestro; y es suficientemente grande como para compensar nuestra pequeñez. Por el contrario, crecer en un hogar donde hay poca o ninguna evidencia de las cosas en las que creemos, desilusiona a una generación creada para grandes proezas.

12. LOS MILAGROS CONVALIDAN TANTO LA IDENTIDAD DEL HIJO DE DIOS COMO LA DE SU IGLESIA

"Éste fue de noche a visitar a Jesús. —Rabí —le dijo—,
sabemos que eres un maestro que ha venido de parte de Dios,
porque nadie podría hacer las señales que tú haces si
Dios no estuviera con él".[23]

La promesa *"Estaré contigo"* fue dada muchas veces a lo largo de *La Biblia*. Siempre fue dada a alguien que iba a ser llevado a circunstancias imposibles, circunstancias que harían necesario un milagro.[24] Aunque la presencia de Dios es consoladora, y la dulce comunión con el Señor es lo que me lleva a una relación íntima con Él, su presencia también es una provisión del cielo para llevarme al punto en que tenga gran valor para obrar señales y prodigios.

Los judíos entendían que, si Dios estaba con una persona, debía haber milagros… *"porque nadie podría hacer las señales que tú haces si Dios no estuviera con él"*. En la Gran Comisión de Mateo 28:18-20, encontramos esta frase: *"Estaré con ustedes siempre, hasta el fin del mundo"*. Su presencia es la seguridad de su intención de utilizarnos para milagros. Su actividad en la vida de los creyentes es un acto profético que declara su propósito sobrenatural para su pueblo.

¿CÓMO RECIBIMOS EL PODER?

Jesús ordenó al grupo de personas mejor capacitadas en lo sobrenatural que jamás haya habido en esta Tierra: *"No se alejen de Jerusalén, sino esperen la promesa del Padre, de la cual les he hablado"*.[25] Lucas lo expresa así: *"Quédense en la ciudad hasta que sean revestidos del poder de lo alto"*.[26] Aunque habían estado con Él, aunque habían experimentado su poder por medio de su propio ministerio, debían esperar el *dunamis*: el poder para realizar milagros.

Fue como si hubieran trabajado bajo el paraguas de la unción de Jesús. Había llegado el momento de que tuvieran su propia unción por medio de un encuentro con Dios. El bautismo de fuego les daría su propio encuentro continuo, que los iba a ayudar a no moverse del centro de la voluntad de Dios cuando llegara la persecución.

El bautismo del Espíritu Santo es una inmersión en el *dunamis* del cielo. La capacidad de hablar en lenguas es un don maravilloso dado por medio de este bautismo. Yo oro en lenguas constantemente, y agradezco este don de Dios. Pero pensar que hablar en lenguas es el único propósito para tal santa invasión es vergonzosamente simplista. Sería lo mismo que decir que, con solo cruzar el río Jordán, Israel ya poseía la Tierra Prometida. Sí, estaban en ella, podían verla, ¡pero no la poseían! El cruce del río les dio el acceso legal a la posesión. Este maravilloso bautismo en el Espíritu nos ha dado el acceso. Pero quedarnos en las orillas, proclamando: "Todo esto es mío", en el mejor de los casos, es una necedad. Tal ignorancia ha hecho que muchas personas finalicen su búsqueda una vez que recibieron su lenguaje espiritual. Les han enseñado que ahora están llenos del Espíritu Santo. Pero un vaso solo está lleno cuando rebosa. La plenitud solo puede medirse por lo que desborda.

La plenitud de Dios debería hacer algo más en mí que darme un idioma sobrenatural. Si eso fuera lo único que hubiera, no me quejaría; es un don glorioso de Dios. Pero sus propósitos nos llevan a más; a una relación divina en la que llegamos a ser colaboradores de Cristo. El poder vino para hacernos testigos. Cuando el Espíritu de Dios caía sobre las personas, en *La Biblia*, toda la naturaleza se inclinaba ante ellas. Se manifestaba el poder, y las imposibilidades daban paso a la plena expresión de la presencia de Dios.

LEER LAS SEÑALES

Muchos temen a las señales y los prodigios porque puede haber engaño. Por lo tanto, para evitar cualquier posibilidad de ser engañados, reemplazan las demostraciones de poder por tradiciones religiosas, actividades cristianas o aun el estudio bíblico. Con frecuencia, se quedan satisfechos con el mero conocimiento. Pero cuando esto sucede, ¿quién se engaña?

Las señales tienen un propósito. No son un fin en sí mismas. Señalan una realidad superior. Cuando salimos de un edificio, no salimos a través del cartel de salida. Cuando debemos apagar un incendio, no golpeamos el fuego con el cartel que señala la manguera. La señal es real. Pero señala una realidad superior a ella misma.

Una señal ubicada junto a una carretera nos confirma si estamos en la ruta correcta o no. Sin señales, no tenemos manera de saber si estamos donde creemos estar. Las señales no son necesarias cuando recorremos calles conocidas. Pero sí las necesito cuando voy adonde nunca he ido. Lo mismo sucede con el actual mover de Dios. Hemos ido tan lejos como podemos llegar con nuestro actual entendimiento de La Biblia. Es hora de permitir que las señales ocupen el lugar que les corresponde. Ellas ilustran La Biblia, siempre señalando a Jesús, el Hijo de Dios. Pero también confirman a las personas, que han adoptado un evangelio auténtico, que van en la dirección correcta. Ninguno de nosotros entendía la salvación hasta que fue salvo. Fue el milagro –una experiencia– lo que nos dio entendimiento. Lo mismo sucede con las señales. Ellas nos señalan a la persona. En este tiempo, la experiencia ayudará a abrir esas partes de La Biblia que han estado cerradas para nosotros hasta ahora.[27]

Nadie que esté en su sano juicio afirmaría que comprende todo lo que contiene La Biblia para nosotros hoy. Pero sugerir que hay más, hace que muchos sientan temor. ¡Supérelo para no perdérselo!

CÓMO NOS RELACIONAMOS CON EL MUNDO

El próximo capítulo nos muestra qué le debemos realmente al mundo, y cómo podemos dárselo.

NOTAS

1. Ese encuentro también debe incluir otras cosas. Por ejemplo: el amor de Dios debe evidenciarse en nosotros, así como la integridad de nuestro carácter, etc. Pero el propósito de este libro es llenar un vacío literario para ayudarnos a regresar, como tanto necesitamos, a un evangelio de poder, tanto como de amor e integridad.
2. Hebreos 1:3.
3. Lucas 5:8.
4. Juan 15:24.
5. Salmo 78:9-11.
6. Vea Josué 3:1-17.
7. Mateo 11:20-24.
8. Este principio se trata con mayor profundidad en el capítulo 15:

"Cómo perderse un avivamiento".

9. Ver Juan 21:25.
10. Vea Marcos 6:1-6.
11. Juan 2:11.
12. Juan 2:4-5.
13. Vea Lucas 11:25.
14. Mateo 9:8.
15. Salmo 103:22.
16. Salmo 145:10.
17. Salmo 145:4.
18. Salmo 78:4-8.
19. Juan 10:37-38.
20. Juan 10:36.
21. Hechos 8:6.
22. Romanos 15:18-19.
23. Juan 3:2.
24. Fíjese en Moisés (Éxodo 3:12), Josué (Josué 1:9) y Gedeón (Jueces 6:12) si desea estudiar más el tema.
25. Vea Hechos 1:4.
26. Lucas 24:49.
27. Las relaciones firmes y la rendición de cuentas son lo que nos ayuda a mantenernos a salvo y no caer en el engaño.

Capítulo 12

NUESTRA DEUDA CON EL MUNDO: UN ENCUENTRO CON DIOS

La unción del Espíritu Santo es su presencia real sobre nosotros para el ministerio. El propósito de la unción es hacer natural lo sobrenatural.

La promesa del pacto de Dios: *"Estaré contigo"* siempre ha estado relacionada con la necesidad de valor que tiene el ser humano para enfrentar lo imposible. No hay dudas de que la presencia de Dios es lo que nos da gran consuelo y paz. Pero la presencia de Dios siempre fue prometida a sus elegidos para darles seguridad al enfrentar las circunstancias cuando estas no son del todo favorables.

Él es el gran tesoro de la humanidad. Siempre lo será. Esta revelación es la que permitió las revolucionarias proezas del apóstol Pablo. Es lo que fortaleció a un rey llamado David para que arriesgara su vida con el fin de transformar el sistema de sacrificios y adoración. Moisés, el hombre que fue enviado a enfrentar a Faraón y sus magos endemoniados, necesitó esta seguridad. Todos ellos necesitaron una confianza increíble para cumplir sus llamados.

Josué tuvo que ponerse a la altura de ese grande que fue Moisés, el hombre con quien Dios hablaba cara a cara, para continuar su tarea. Y ahora, Josué debía llevar a Israel adonde Moisés no podía ir. Las palabras de Dios para él son de gran aliento y exhortación, y concluyen con la máxima promesa: *"Estaré contigo"*.[1]

Gedeón también recibió un encargo imposible. Era el más pequeño de su familia, que era la más pequeña de su tribu, que era la más pequeña en Israel. Pero Dios lo eligió para guiar a Israel a la victoria contra los madianitas. Su encuentro es uno de los más interesantes que nos relata *La Biblia*. Más de una persona temerosa ha cobrado valor al recordar la experiencia transformadora de Gedeón. Dios inició su transformación con la misma promesa: *"Estaré contigo"*.

La Gran Comisión es una lectura más que interesante para quienes recuerdan qué clase de hombres eran aquellos a los que Dios dio tal encargo: codiciosos, soberbios, irascibles, egoístas. Pero Jesús los llamó a cambiar el mundo. ¿Cuál fue la palabra de seguridad que les dio antes de salir de su vista? *"Estaré con ustedes siempre..."*[2]

Sabemos que esa promesa es dada a todos los que invocan el nombre del Señor para salvación. Pero ¿por qué algunos sienten más la presencia de Dios en su vida que otros? Algunas personas le otorgan gran importancia a la presencia de Dios; otras no. Aquellas que disfrutan de la comunión con el Espíritu Santo durante todo el día tienen aguda conciencia de lo que Él siente frente a sus palabras, actitudes y actividades. La idea de contristarlo los entristece profundamente. Su pasión es darle a Él la preeminencia en todo. Esa pasión lleva al creyente a una vida sobrenatural: una vida con el Espíritu Santo que actúa constantemente a través de él.

UNTADOS CON DIOS

La presencia de Dios debe hacerse real en la unción. Recuerde: ungir es untar. Es que Dios nos cubra con su presencia llena de poder. Suceden cosas sobrenaturales cuando vivimos con la unción.

En su mayor parte, la unción ha sido tomada por la Iglesia para la Iglesia. Muchos entienden equivocadamente para qué Dios nos cubre de sí mismo, creyendo que es solo para que nosotros lo disfrutemos. Pero debemos recordar que, en el Reino, solo podemos conservar lo que damos. Esta maravillosa presencia de Dios debe ser llevada al mundo. Si no lo hacemos, nuestra eficacia disminuye. ¿Acaso el Espíritu nos abandona? No. Pero, quizá esta frase lo ayude a comprender mejor el asunto: ¡Él está *en* mí por mi causa, pero está *sobre* mí por la tuya!

Todo ministerio no solo debe tener el poder del Espíritu Santo, sino debe incluir un "elemento de reunión". Jesús dijo: *"El que conmigo no recoge, esparce"*.[3] Si nuestros ministerios no reúnen, dividirán. O tomamos lo que Dios nos ha dado y lo damos al mundo, o lo que hemos recibido, producirá división. Es nuestra perspectiva sobre el mundo lo que nos mantiene concentrados en el propósito de Dios.

La unción nos equipa para llevar al mundo a un encuentro con Dios. Ese encuentro es algo que les debemos. Por ese motivo, todo evangelista dedicado debe clamar por una mayor unción; todo creyente debe clamar por lo mismo. Cuando nos "untamos" de Dios, esa unción se "pega" a todos aquellos con los que nos ponemos en contacto; y esa es la unción que rompe los yugos de las tinieblas.[4]

Generalmente, entendemos la unción como algo necesario para nosotros al predicar la Palabra u orar por los enfermos. Pero estas solo son dos de las maneras más comunes de producir este encuentro con las personas. Aunque son válidas, es la persona que tiene la unción de continuo la que abre muchas más oportunidades para el ministerio.

Yo frecuentaba un comercio de venta de alimentos sanos. Era de esos que tienen música extraña y libros de diferentes gurúes y guías de sectas. Yo compraba allí porque me había comprometido a llevar la luz de Dios a los lugares más oscuros de la ciudad. Quería que ellos vieran el contraste entre lo que creían que era la luz y lo que realmente es la Luz. Antes de entrar, yo oraba específicamente para que la unción de Dios descansara sobre mí y fluyera a través de mí. Recorría los pasillos orando calladamente en el Espíritu, pidiendo a Dios que llenara el comercio. Un día, el dueño vino y me dijo: – Algo cambia cuando usted entra en este comercio. Ese día, se abrió una puerta que me dio muchas oportunidades para ministrar en el futuro. La unción que había sobre mí me equipó para ministrar.

No subestime esta herramienta

Jesús iba por una calle, y la gente trataba de acercarse a Él por todos lados. Entonces, una mujer extendió la mano y tocó su manto. Él se detuvo y preguntó: *"¿Quién me ha tocado?"*. Los discípulos se sorprendieron ante la pregunta porque, para ellos, la respuesta era obvia: ¡todos! Pero Jesús continuó diciendo que sentía que había salido poder (*dunamis*) de Él. Jesús estaba ungido por el Espíritu Santo. El verdadero poder del Espíritu de Dios fluyó de Jesús a la mujer y la sanó. La unción estaba residente en el cuerpo físico de Jesús, como en el de cualquier creyente. La fe de esa mujer exigió la unción de Jesús. La mujer fue sanada porque la unción rompe el yugo.[5]

Un versículo que se utiliza con frecuencia al recoger las ofrendas es *"Lo que ustedes recibieron gratis, denlo gratuitamente"*.[6] Pero suele olvidarse el contexto de ese versículo. Jesús se estaba refiriendo al ministerio de lo sobrenatural. Escuche lo que esto implica: He recibido algo que debo dar. ¿Qué es? ¡El Espíritu Santo! Él es el mayor regalo que una persona puede recibir. Y Él vive en mí.

Cuando ministramos en la unción, estamos dando concretamente la presencia de Dios; la impartimos a otros. Jesús continuó enseñando a sus discípulos qué significaba *dar*. Incluía las cosas obvias, como sanar a los enfermos, echar fuera demonios, etc. Pero también incluía un aspecto que suele pasarse por alto: *"Al entrar, digan: 'Paz a esta casa'. Si el hogar se lo merece, que la paz de ustedes reine en él"*. En estas situaciones, podemos impartir de manera concreta la presencia de Dios. Así llevamos a los perdidos a un encuentro con Él. Aprendemos a reconocer su presencia, colaboramos con su pasión por las personas, y las invitamos a recibir la salvación.[7]

Él nos ha hecho administradores de la presencia de Dios. Esto no significa que podamos manipular y utilizar su presencia para nuestros propios propósitos religiosos, sino que el Espíritu de Dios se mueve sobre nosotros y nos convierte así en colaboradores de Cristo. Entonces, lo invitamos a invadir las circunstancias que tenemos por delante.

Las formas más obvias son predicar u orar por las necesidades específicas de las personas. No subestimemos esta importante herramienta. Si buscamos oportunidades para servir, le damos al Espíritu Santo la oportunidad de hacer lo que solo Él puede hacer: milagros. No todas aquellas personas por las que oro, son sanadas. Ni siquiera he llegado a mil. ¡Pero hay muchas más sanadas que si no hubiera orado por nadie!

Dele oportunidad a Dios de hacer lo que solo Él puede hacer. Él busca a quienes estén dispuestos a dejarse "untar" de Él, que permitan que su presencia afecte a otros para bien.

Un ministro que nos visitó hace poco, nos dijo: "La diferencia entre ustedes y yo es esta: si yo oro por una persona muerta, y no resucita, oro también por otra persona que esté muerta. ¡No me doy por vencido!".

Jesús dijo: "*Si no hago las obras de mi Padre, no me crean*".[8] Las obras del Padre son milagros. Aun el Hijo de Dios declaró que eran los milagros los que convalidaban su ministerio en la Tierra. En ese contexto, dijo: "*Ciertamente les aseguro que el que cree en mí las obras que yo hago también él las hará, y aun las hará mayores, porque yo vuelvo al Padre*".[9] Los milagros son una parte importante del plan de Dios para este mundo. Y deben producirse a través de la Iglesia.

Anhelo el día en que la Iglesia se ponga de pie y diga: "¡Si no hacemos las obras que Jesús hizo, no nos crean!". *La Biblia* dice que debemos "*ambicionar*" (¡codiciar!) los dones espirituales,[10] y que esos dones nos "*fortalecen*"[11]. ¿Qué dones? Todos.

TRAER EL CIELO A NOSOTROS

Yo le debo al mundo una vida llena del Espíritu Santo, porque le debo un encuentro con Dios. Sin la plenitud del Espíritu Santo en mí y sobre mí, no le puedo dar a Dios un vaso entregado para que Él fluya. La plenitud del Espíritu Santo era la meta de Dios durante toda la ley y los profetas. La meta inmediata era la salvación, pero la meta final en la Tierra era la plenitud del Espíritu en el creyente. Llevarnos al cielo no es tan gran desafío como traer el cielo dentro de nosotros. Esto se logra por medio de la plenitud del Espíritu en nosotros.

LA REVELACIÓN DE JACOB

Jacob, un patriarca del Antiguo Testamento, dormía al aire libre cuando tuvo un sueño que constituyó una de las revelaciones más asombrosas jamás recibida por hombre alguno. Vio un cielo abierto y una escalera que bajaba a la Tierra. En la escalera, había ángeles que subían y bajaban. Sintió temor, y dijo: *"Dios está aquí… y yo no me había dado cuenta"*.[12] Esa frase refleja gran parte de lo que hemos estado viendo en este avivamiento en los últimos años: Dios está presente, pero muchos no tienen conciencia de que está aquí.

He sido testigo del toque de Dios sobre miles de personas en el avivamiento actual: conversiones, sanidades, matrimonios restaurados, adicciones vencidas, endemoniados liberados. La lista de vidas cambiadas es gloriosamente extensa, y aumenta diariamente. Pero, así como estos son cambiados, siempre hay los que no ven la hora de que termine el culto para salir. Una persona reconoce la presencia de Dios y cambia para siempre; la otra ni siquiera se da cuenta de lo que podría haber sido.

JESÚS, EL TABERNÁCULO DE DIOS

El sueño de Jacob nos presenta la primera mención de la casa de Dios en *La Biblia*. Esta casa contenía su presencia, una puerta al cielo, una escalera y ángeles que subían y bajaban entre el cielo y la Tierra.

Jesús confirma la revelación de Jacob sobre la casa de Dios en el planeta Tierra, pero de una forma totalmente inesperada. Juan 1:14 dice: *"Y el Verbo se hizo hombre y habitó entre nosotros"*. La palabra *habitó* significa 'hizo su tabernáculo'. Jesús es presentado aquí como el tabernáculo de Dios en la Tierra. Más adelante, en el mismo capítulo, Jesús dice que sus seguidores iban a ver "*a los ángeles de Dios subir y bajar sobre el Hijo del hombre*".[13] Los detalles de la revelación de Génesis 28 se ven en la persona de Jesús. Él es una ilustración de la revelación de Jacob.

JESÚS PASÓ LA POSTA

Para ser todo lo que Dios quiso que fuéramos, debemos recordar que la vida de Jesús fue el modelo de cómo sería la humanidad si estuviera en la relación correcta con el Padre. Por medio del derramamiento de su sangre, sería posible para todo aquel que creyera en su nombre hacer lo que Él hizo y llegar a ser como Él fue. Esto significa, entonces, que todo verdadero creyente tendría acceso al ambiente en que Jesús vivía.

Jesús vino como luz del mundo. Después, nos pasó la posta anunciando que nosotros somos la luz del mundo. Jesús vino como hacedor de milagros, y dijo que nosotros haríamos "*mayores obras*" que las que Él hizo.[14] Después, nos dio la mayor sorpresa de todas al decir: "*Ahora, el Espíritu Santo está con ustedes, pero va a estar en ustedes*".[15] Jesús, que nos muestra lo que es posible para los que están en la relación correcta con Dios, ahora dice que su pueblo debe ser el tabernáculo de Dios en el planeta Tierra. Pablo confirma esta revelación con frases como: "*¿No saben que ustedes son templo de Dios…?*"[16] y "*… ustedes son […] morada de Dios…*"[17]

¿Cuál era la revelación inicial de la casa de Dios? Tiene la presencia de Dios, una puerta al cielo y una escalera con ángeles que suben y bajan sobre ella. ¿Por qué es importante comprender esto? Esta revelación nos muestra los recursos que están a nuestra disposición para llevar a cabo el plan del Maestro.

Frank DaMazio, de City Bible Church, en Pórtland, Oregon, tiene una gran enseñanza sobre este principio y la iglesia local. Las llama "iglesias de la puerta". Este principio de ser administradores del ámbito celestial, entonces, se convierte en algo más que una tarea de cada creyente individualmente: es el privilegio de toda una iglesia para toda su ciudad.

ÁNGELES EN MISIÓN

Los ángeles son seres impresionantes. Son gloriosos y poderosos. Tanto, que cuando aparecían, en *La Biblia*, con frecuencia, las personas se inclinaban a adorarlos. Aunque es una tontería adorar a los ángeles, es igualmente tonto ignorarlos. Los ángeles están asignados para servir donde nosotros servimos, si se necesita el elemento sobrenatural. *"¿No son todos los ángeles espíritus dedicados al servicio divino, enviados para ayudar a los que han de heredar la salvación?"*.[18]

Creo que los ángeles están aburridos porque vivimos una vida que no requiere mucho de su ayuda. Su tarea es ayudarnos en misiones sobrenaturales. Si somos personas que no corren riesgos, hay poco espacio para lo sobrenatural. Debemos correr riesgos para buscar soluciones a situaciones imposibles. Cuando la Iglesia recupere su anhelo de lo imposible, los ángeles actuarán más entre los hombres.

A medida que se intensifican las llamas del avivamiento, también aumenta la actividad sobrenatural a nuestro alrededor. Si los ángeles fueron asignados para ayudarnos en misiones sobrenaturales, lo sobrenatural debe de ser necesario. Debemos correr riesgos para buscar soluciones a situaciones imposibles. El evangelio de poder es la respuesta para la trágica situación de la humanidad. John Wimber dijo: "Fe se escribe R-I-E-S-G-O". Si realmente queremos más de Dios, debemos cambiar nuestro estilo de vida para que su presencia manifiesta sea mayor sobre nosotros. No es algo que podemos hacer para manipular a Dios. Es un osado intento por tomarle la Palabra a Dios, para que, mientras nosotros obedecemos su encargo hasta las últimas consecuencias, Él diga ¡*Amén*![19] con milagros. ¡Lo desafío a buscar a Dios apasionadamente! Y, en su búsqueda, insista en un estilo de vida sobrenatural, un estilo de vida que mantenga ocupadas a las huestes celestiales que nos traigan al Rey y su Reino.

NO SOMOS JEFES DE LOS ÁNGELES

Aunque Dios nos ha dado a los ángeles para que nos ayuden en nuestra tarea, no creo que debamos darles órdenes. Algunos creen que tienen la libertad de hacerlo, pero yo creo que es peligroso. Hay razones para creer que ellos deben ser comisionados por Dios mismo en respuesta a nuestras oraciones.

Daniel necesitaba una respuesta de Dios, y oró durante veintiún días. Finalmente, un ángel apareció con la respuesta y le dijo: *"No tengas miedo, Daniel. Tu petición fue escuchada desde el primer día en que te propusiste ganar entendimiento y humillarte ante tu Dios. En respuesta a ella estoy aquí. Durante veintiún días el príncipe de Persia se me opuso, así que acudió en mi ayuda Miguel, uno de los príncipes de primer rango. Y me quedé allí, con los reyes de Persia"*.[20] Cuando Daniel oró, Dios respondió enviando a un ángel con la respuesta. El ángel sufrió una interferencia. Daniel continuó orando, lo cual, aparentemente, ayudó a liberar al ángel Miguel para luchar, y al primer ángel para que entregara el mensaje.

Hay muchas otras ocasiones en que diversos ángeles aparecieron en respuesta a las oraciones de los santos. En cada una de ellas, los ángeles fueron enviados a servir por el Padre. Creo que lo mejor es orar mucho y dejar que el Padre sea quien dé órdenes a los ángeles.

ENTRAR EN LA ZONA DE PENUMBRAS

Yo suelo viajar a ciudades que están espiritualmente en tinieblas. Cuando entramos en estas ciudades, se puede sentir la opresión. Considerando lo que yo represento para esa ciudad, sería equivocado que me concentrara en la oscuridad. Ni siquiera debe impresionarme la obra del diablo. Yo llego como casa de Dios. Como tal, contengo una puerta al cielo y una escalera que ofrece actividad angelical según la necesidad del momento. En pocas palabras, ¡soy un cielo abierto! Esto no se aplica a unos pocos escogidos. Todo lo contrario: esta revelación es sobre la casa de Dios, y los principios de la casa se aplican a todos los creyentes. Pero pocos se dan cuenta o ponen en práctica esta bendición potencial. Con un cielo abierto, me convierto en un vehículo en manos de Dios para hacer caer los recursos del cielo sobre las calamidades de la humanidad. Los ángeles tienen como misión cumplir la voluntad de Dios. *"Alaben al Señor, ustedes sus ángeles, paladines que ejecutan su palabra y obedecen su mandato"*.[21] Él está más ansioso por invadir este mundo que nosotros por recibir la invasión. Y los ángeles tienen un rol muy importante.

Ellos responden a las órdenes de Dios y cumplen su Palabra. Pero la voz que pronuncia "su mandato" se oye cuando el Padre habla a los corazones de su pueblo. Los ángeles esperan que el pueblo de Dios hable la palabra de Dios. Creo que los ángeles sienten la fragancia del salón del trono por medio de la palabra que hablamos las personas. Ellos se dan cuenta cuándo una palabra se ha originado en el corazón del Padre. Y, a su vez, reconocen esa palabra como la tarea que les ha sido encomendada.

Hace poco vi suceder esto en una reunión, en Alemania. Antes de la reunión, estaba orando con algunos de los líderes que organizaban la serie. Mientras oraba, vi a una mujer que estaba sentada a mi derecha y que tenía artritis en la columna vertebral. Fue una imagen muy veloz en mi mente, el equivalente visual del "suave murmullo", tan fácil de escuchar como de pasar por el alto. En esta imagen, vi a la mujer ponerse de pie y declaré sobre ella: "¡El Señor Jesús te sana!".

Cuando llegó la reunión, pregunté si había alguien allí que tuviera artritis en la columna. Una mujer ubicada a mi derecha movió la mano. Hice que se pusiera de pie y declaré sobre ella:

– ¡El Señor Jesús te sana!

Después, le pregunté dónde tenía el dolor:

Ella se puso a llorar y dijo:

– ¡Es imposible, pero el dolor desapareció!

Los ángeles cumplieron una palabra que se originó en el corazón del Padre. Pero, en ese momento, yo fui la voz que declaró su mandato.

DIOS DELEGA

Cuando Dios decidió traer al Mesías por medio de la virgen María, envió al ángel Gabriel a llevar el mensaje. Cuando el apóstol Pablo estaba por sufrir un naufragio, un ángel del Señor le dijo lo que iba a suceder. En numerosas ocasiones, a lo largo de *La Biblia*, los ángeles hicieron lo que Dios podía haber hecho Él mismo fácilmente. ¿Por qué no hizo Dios esas cosas? Por la misma razón por la que no predica el evangelio: Él ha decidido permitir que su creación disfrute del privilegio de servir en su Reino. El servicio con propósito reafirma la identidad. Una autoestima sana según Dios se deriva de hacer su voluntad. Y el verdadero servicio siempre proviene de la adoración.[22]

CUANDO DIOS SE SALE DEL MOLDE

El mundo de Dios ha irrumpido en el nuestro con regularidad, en forma de salvaciones, sanidades y liberaciones. Las manifestaciones de esa invasión varían. Son fascinantes y demasiado numerosas para catalogarlas. Aunque algunas son difíciles de comprender a primera vista, sabemos que Dios siempre obra para redención.

En muchas ocasiones, el salón se ha llenado de risas que sanan corazones heridos. Algunas veces, un polvo dorado cubre el rostro, las manos o la ropa de las personas mientras adoran o reciben ministración. Muchas veces, aparece aceite en las manos de los hijos de Dios, especialmente de los niños. En cierta ocasión, entró un viento en el lugar de reunión que estaba cerrado, sin ventanas, ni puertas ni ventiletes abiertos. En algunos lugares, los creyentes han visto una nube real de la presencia de Dios sobre las cabezas de los adoradores. También hemos sentido la fragancia del cielo llenar un cuarto. En mi propia experiencia, la fragancia del cielo llenó nuestro auto mientras Beni y yo adorábamos a Dios durante un breve viaje. Duró unos treinta minutos, y era un aroma que realmente podía percibir, semejante a granos de azúcar esparcidos en mi lengua. He visto aparecer pequeñas gemas en las manos de personas que adoraban a Dios. Desde principios de 1998, hemos visto caer plumas durante las reuniones. Al principio, pensé que algún pájaro se había metido en los conductos del aire acondicionado, pero luego comenzaron a caer en otros cuartos de la iglesia que no estaban conectados con esos conductos. Ahora, caen en casi todos los lugares donde vamos: aeropuertos, casas, restaurantes, oficinas, etc.

Menciono este fenómeno porque parece ofender a muchos que han adoptado de corazón este mover de Dios. Jerrel Miller, editor de *The Remnant* [El Remanente], un periódico cuyo propósito es registrar los hechos que rodean a este avivamiento, recibió muchas críticas cuando informó sobre estas manifestaciones inusuales. Quienes criticaban su informe eran participantes de este avivamiento. Una vez que hicimos algunos ajustes en nuestro sistema de creencias sobre lo que Dios puede hacer, tendemos a pensar que hemos ampliado nuestra capacidad de adaptación lo suficiente. "Nuestras creencias ahora abarcan todo el mover de Dios". Nada más lejos de la verdad. Como las generaciones que vinieron antes que nosotros, estamos peligrosamente cerca de regular la obra de Dios por medio de una "nueva lista revisada de manifestaciones aceptables". Ya no se trata solamente de llorar durante una canción especial o un momento de arrepentimiento después del sermón. Nuestra lista ahora incluye las caídas, los temblores, las risas, etc. El problema es que… sigue siendo una lista. Y Dios se saldrá de ella gustoso. Debe hacerlo. Debemos aprender a reconocer el mover de Dios reconociendo su presencia. Las listas solo sirven para revelar lo que entendemos o hemos experimentado hasta ahora. Aunque no estoy tratando de promover manifestaciones extrañas o buscar la novedad, me niego a avergonzarme por lo que Dios hace. Una lista que nos impide cierta clase de errores también nos impide cometer cierta clase de victorias.

¿AVERGONZADO POR DIOS? ¡NO!

Sus manifestaciones, aunque pueden ser ofensivas para la mente de muchos, son ilimitadas, y simples indicadores de la presencia y el propósito de Dios. ¿Por qué son necesarias? Porque Él quiere llevarnos más allá, y solo podremos llegar allí, siguiendo las señales. Nuestro actual entendimiento de las Escrituras solo puede llevarnos hasta un punto determinado.

Recuerde: las señales son realidades que señalan una realidad mayor. Si Él nos da señales, ¿quiénes somos nosotros para decir que no son importantes? Muchos reaccionan mal ante esta postura porque temen acabar adorando las señales. Aunque su razonamiento parte de una intención noble, es necio pensar que puedo llevar a cabo la tarea que Dios me ha encomendado sin prestar atención a las "notas personales" que Dios quiera darme durante el camino. En el mundo natural, las señales nos ayudan a ubicarnos para encontrar una ciudad, un restaurante o una empresa. Es práctico. De la misma manera, las señales y prodigios son una parte natural del reino de Dios. Son la forma normal de llevarnos de donde estamos a donde debemos estar. Ese es su propósito. Si los sabios no hubiesen seguido la estrella, deberían haberse contentado con leer sobre las experiencias de otros. Yo no.

Hay una diferencia entre adorar las señales y seguir las señales; lo primero está prohibido, lo segundo es esencial. Cuando seguimos las señales que nos llevan a mayores profundidades en Dios, sus señales nos siguen en mayor medida por el bien de la humanidad.

CONOCER AL DIOS DE PODER

Cuando enseño sobre buscar un evangelio de poder, muchas veces alguien, después, afirma que necesitamos el poder, pero nos recuerda a todos que debemos conocer al Dios de poder. Nada más cierto. El poder encierra escaso placer si no tenemos una relación íntima con Dios. Pero ese comentario suele ser de naturaleza religiosa. Quien es apasionado por el poder y la gloria de Dios, generalmente, intimida a quienes no lo son. Mi hambre del poder de Dios solo es superada por mi deseo de Él. Fue la búsqueda de Dios la que me llevó a sentir esta pasión por un evangelio auténtico.

Algo sucedió en mí, que no me permite aceptar un evangelio que no sea respaldado por señales y prodigios. ¿Es porque pude captar una revelación de los milagros en la Tierra? No. Es que esa revelación me atrapó a mí. He descubierto que no hay satisfacción duradera en esta vida fuera de las expresiones de fe.

VERLO COMO ÉL ES

El próximo capítulo nos lleva a una verdad sorprendente sobre lo que significa ser como Jesús.

NOTAS

1. Josué 1:5-9.
2. Vea Mateo 28:19-21.
3. Lucas 11:23.
4. Isaías 10:27.
5. Isaías 10:27.
6. Mateo 10:8.
7. Salvación (*sozo*): salvación, sanidad y liberación.
8. Juan 10:37.
9. Juan 14:12.
10. Vea 1 Corintios 14:1.
11. Romanos 1:11.
12. Vea Génesis 28:16.
13. Juan 1:51.
14. Juan 14:12.
15. Vea Juan 14:17 (paráfrasis del autor).
16. 1 Corintios 3:16.
17. Vea Efesios 2:22.
18. Hebreos 1:14.
19. Marcos 16:20.
20. Daniel 10:12-13.
21. Salmo 103:20.
22. Recuerde: siempre llegamos a ser como aquel a quien adoramos. ¿Cómo podría Él desear otra cosa para nosotros?

Capítulo 13

NUESTRA IDENTIDAD EN
ESTE MUNDO

> *Mientras la mayor parte de la Iglesia aún*
> *está tratando de llegar a ser como fue Jesús,*
> *La Biblia declara: "Como él es, así somos*
> *nosotros en este mundo".*[1]

J esús fue el siervo sufriente que se encaminó a la cruz. Pero Jesús está triunfantemente resucitado, ascendido y glorificado. En el Apocalipsis, la revelación de Jesucristo, Juan lo describe de esta forma: *"Su cabellera lucía blanca como la lana, como la nieve; y sus ojos resplandecían como llama de fuego. Sus pies parecían bronce al rojo vivo en un horno, y su voz era tan fuerte como el estruendo de una catarata".*[2]

Esa declaración: *"Como él es, así somos nosotros"* va mucho más allá de lo que cualquiera de nosotros podría haber imaginado, especialmente, si tenemos en cuenta la descripción del Jesús glorificado de Apocalipsis 1. Pero el Espíritu Santo fue enviado específicamente con ese propósito: que podamos llegar a ser *"conforme a la plena estatura de Cristo".*[3]

El Espíritu Santo vino con la misión suprema en el momento justo. Durante el ministerio de Jesús, se dijo que *"El Espíritu no había sido dado, porque Jesús no había sido glorificado todavía".*[4] El Espíritu Santo nos consuela, nos da dones, nos recuerda lo que Jesús dijo y nos reviste de poder. Pero todo eso lo hace para hacernos como Jesús. Esa es su misión fundamental. ¿Por qué, entonces, el Padre no lo envió hasta que Jesús fue glorificado? ¡Porque sin Jesús glorificado, no había modelo celestial de aquello en lo que debemos convertirnos! Así como un escultor mira el modelo y da forma a la arcilla a su semejanza, el Espíritu Santo mira al Jesús glorificado y nos moldea a su imagen. Como Él es, así somos nosotros en este mundo.

LA VIDA CRISTIANA

La vida cristiana no se encuentra en la cruz, sino gracias a la cruz. Es el poder de la resurrección de Cristo el que da energía al creyente. ¿Disminuye esto el valor de la cruz? ¡No! La sangre derramada por el Cordero sin mancha limpió el poder y la presencia del pecado en nuestra vida. ¡NO TENEMOS NADA SIN LA CRUZ! Pero la cruz no es el fin; es el principio, la entrada en la vida cristiana. Aun para Jesús la cruz fue algo que debió soportar para obtener el gozo al otro lado.[5] "La gran mayoría del mundo cristiano todavía está llorando al pie de la cruz. La conciencia de la humanidad está fija en el Cristo que murió, no en el Cristo que vive. Las personas miran al Redentor que fue, no al Redentor que es".[6]

Supongamos que me han perdonado una deuda económica. Aun después de perdonada mi deuda, no tengo nada, a menos que quien perdonó mi deuda me dé dinero que pueda considerar mío, y eso es lo que Cristo hizo por usted y por mí. Su sangre limpió mi deuda de pecado. Pero su resurrección es la que me permite tener algo.[7]

¿Por qué es importante esto? Porque cambia profundamente nuestro sentido de identidad y de propósito.

Jesús se hizo pobre para que yo pudiera ser rico. Sufrió las llagas para liberarme de la aflicción, y se hizo pecado para que yo pudiera ser hecho justicia de Dios.[8] ¿Por qué, entonces, debería yo llegar a ser como Él fue, si Él sufrió para que yo llegara a ser como Él es? En algún punto, la realidad de la resurrección debe entrar a jugar en nuestra vida; debemos descubrir el poder de la resurrección para todos los que creen.⁹

LA CRUZ FALSA

Jesús dijo: *"Si alguien quiere ser mi discípulo, tiene que negarse a sí mismo, tomar su cruz y seguirme"*.¹⁰ Muchos, malentendiendo su llamado, siguen a Jesús en su vida de autonegación, pero no en su vida de poder. Para ellos, el camino de la cruz implica tratar de crucificar su naturaleza pecaminosa adoptando un quebrantamiento sin gozo como evidencia de la cruz. Pero debemos seguirlo hasta el fin en un estilo de vida dotado de poder por la resurrección.

Casi todas las religiones tienen una copia del "camino de la cruz". La negación del yo, la humillación del yo, etc., son fácilmente copiadas por las sectas de este mundo. Las personas admiran a quienes tienen disciplina religiosa. Aplauden el ayuno y respetan a quienes adoptan la pobreza o soportan enfermedades en la práctica de su espiritualidad personal. Pero si les mostramos una vida llena de gozo por el poder transformador de Dios, no solo aplaudirán, sino querrán ser como nosotros. La religión no puede copiar la vida de la resurrección, con su victoria sobre el pecado y el infierno.

Quien abraza una cruz inferior constantemente está lleno de introspección y sufrimientos autoinfligidos. Pero no podemos aplicarnos la cruz a nosotros mismos; Jesús no se clavó Él mismo a la suya. Los cristianos que se dejan atrapar por esta imitación constantemente están hablando de sus debilidades. Si el diablo no logra que nos interesemos por el mal, tratará de hacer que nos concentremos en nuestra incapacidad y falta de valor. Esto se ve especialmente en las reuniones de oración donde hay personas que tratan de proyectar un gran quebrantamiento delante de Dios, esperando así ganarse el avivamiento. Suelen reconfesar viejos pecados tratando de practicar una verdadera humildad.

En mi propia búsqueda de Dios, con frecuencia yo acababa preocupándome por mí mismo. Yo pensaba que estar constantemente recordando mis faltas era humildad. ¡Pero no lo es! Si yo soy el tema principal, y no hablo de otra cosa que no sean mis debilidades, he adoptado la más sutil forma de soberbia. Repetir frases como: "soy indigno" se convirtió en una nauseabunda forma de evitar declarar la dignidad de Dios. El enemigo me había apartado del servicio efectivo al concentrarme solo en mi propia injusticia. Cuando la introspección hace que mi autoestima espiritual aumente, pero mi eficacia para demostrar el poder del evangelio disminuye, eso constituye una perversión de la verdadera santidad.

El verdadero quebrantamiento hace que dependamos por completo de Dios y nos lleva a una obediencia total que manifiesta el poder del evangelio al mundo que nos rodea.

MOTIVOS IMPUROS

Durante varios años, me costó mucho evaluarme a mí mismo. El problema era que nunca encontraba nada bueno en mí. Siempre me producía desaliento, lo cual me hacía dudar y finalmente, me hacía caer en la incredulidad. De alguna forma, había desarrollado la noción de que así podía llegar a ser santo: demostrando una profunda preocupación por mis propios motivos.

Puede sonar extraño, pero ya no analizo mis motivaciones. No es tarea mía. Yo me esfuerzo por obedecer a Dios en todo lo que soy y hago. Si estoy "fuera de foco" en algún aspecto, es tarea suya mostrármelo. Después de muchos años de tratar de hacer lo que solo Él podía hacer, descubrí que yo no soy el Espíritu Santo. Yo no puedo convencerme ni librarme de pecado. ¿Significa eso que nunca enfrento mis motivaciones impuras? No. Dios me ha demostrado que está muy interesado en señalarme mi constante necesidad de arrepentimiento y cambio. Pero Él es el que tiene el reflector para señalarlas, y solo Él puede darme la gracia para cambiar.

Hay una enorme diferencia entre el creyente al que Dios escudriña y aquel que se ha vuelto introspectivo. Cuando Dios escudriña el corazón, encuentra cosas que Él quiere cambiar. Nos da convicción porque se ha comprometido a liberarnos. Esa revelación me llevó a orar de la siguiente forma:

Padre, tú sabes que no me va muy bien cuando miro hacia adentro, así que voy a dejar de hacerlo. Confío en ti para que me señales aquellas cosas que necesito ver. Prometo permanecer en tu Palabra. Tú dijiste que tu Palabra es espada; te ruego que la uses para cortarme profundamente. Muéstrame aquellas cosas de mí que no te agradan. Pero, al hacerlo, por favor, dame la gracia para abandonarlas. También prometo venir ante ti diariamente. Tu presencia es como fuego; por favor, quema de mí las cosas que no te agradan. Derrite mi corazón hasta que llegue a ser como el de Jesús. Ten misericordia de mí en estas cosas. También te prometo permanecer en comunión con tu pueblo. Tú dijiste que el hierro afila el hierro. Espero que unjas las palabras del "amigo que hiere" para hacerme volver a la cordura cuando me resista a ti. Te ruego que utilices esas herramientas para moldear mi vida hasta que solo se vea a Jesús en mí. Creo que tú me has dado tu corazón y tu mente. Por tu gracia, soy una nueva criatura. Quiero que esa realidad se vea para que el nombre de Jesús reciba la mayor honra.

CONTRA LO FALSO

Creo que, en su mayor parte, la gente adopta ese falso camino de la cruz porque no requiere fe. Es fácil ver mis debilidades, mi propensión al pecado y mi incapacidad de ser como Jesús. Confesar esta verdad no requiere fe en lo más mínimo. Por el contrario, para hacer lo que Pablo ordena en Romanos 6:13 –considerarme muerto al pecado–, debo creerle a Dios.

Por lo tanto, cuando se encuentre más débil, declare: "¡SOY FUER-TE!". Concuerde con Dios a pesar de lo que sienta, y descubrirá el poder de la resurrección. Sin fe, es imposible agradar a Dios. El primer lugar en que debe ejercitarse la fe es en nuestra propia situación con Dios.

Cuando Dios le dio a Moisés una noble tarea, él respondió preguntando: *"¿Quién soy yo?"*. Dios cambió de tema diciendo: *"Yo estaré contigo"*. Cuando nos concentramos en nuestra falta, el Padre trata de cambiar de tema a algo que nos llevará al origen y el fundamento de la fe: Él mismo. El "noble llamado" siempre revela la nobleza de Aquel que llama.

Fuera de Cristo, no somos dignos. Y es cierto que, sin Él, no somos nada. ¡Pero no estoy sin Él, y nunca volveré a estarlo! ¿Cuándo comenzamos a medir nuestro valor con los ojos de Dios? Si es cierto que el valor de algo se mide por lo que una persona paga por ello, debemos reconsiderar nuestro valor. ¿Alguna vez reconocemos lo que somos delante de Él? Por favor, no me malentienda. No estoy promoviendo la arrogancia ni la soberbia. ¿Pero no honraríamos más a Dios si creyéramos que realmente hizo las cosas suficientemente bien al salvarnos, y que realmente somos salvos? Jesús pagó el precio más alto para que pudiéramos cambiar nuestra identidad. ¿No es hora de que lo creamos y recibamos los beneficios? Si no lo hacemos, nuestra seguridad se verá disminuida ante el mundo en estos últimos días. La osadía que necesitamos no es autosuficiencia, sino la confianza que el Padre tiene en la obra de su Hijo en nosotros. Ya no es cuestión de cielo o infierno. Es solo cuestión de cuánto pensamiento infernal permitiré que entre en mi mente celestial.

¿No lo honramos más sus hijos cuando ya no nos vemos como "pecadores salvados por gracia", sino como "herederos de Dios"? ¿No es una mayor humildad creerle cuando dice que somos preciosos a sus ojos, aunque no nos sintamos preciosos? ¿No lo honra más cuando nos consideramos libres de pecado porque Él dijo que lo somos? En algún momento, debemos elevarnos a la altura del llamado de Dios y dejar de decir cosas de nosotros que ya no son ciertas. Si vamos a tomar lo que Dios tiene para nosotros en este avivamiento de los últimos tiempos, tendremos que enfrentar el asunto de ser más que pecadores salvos por gracia. La madurez viene de la fe en la suficiencia de la obra redentora de Dios que nos establece como hijos e hijas del Altísimo.

LLEGAR A SER COMO ÉL

"Como él es, así somos nosotros en este mundo". La revelación de Jesús en su estado glorificado tiene, al menos, cuatro características extraordinarias que afectan directamente la próxima transformación de la Iglesia, y que debemos adoptar como parte del plan de Dios en estas últimas horas.

Gloria: Esta es la presencia manifiesta de Jesús. La historia de los avivamientos está llena de historias de su presencia manifiesta descansando sobre su pueblo. Él vive en todos los creyentes, pero la gloria de su presencia descansa solo sobre unos pocos. Algunas veces se la ve, con frecuencia se la siente. Él regresará para buscar a una Iglesia gloriosa. No es optativo.

El día de Pentecostés, se vieron lenguas de fuego sobre las cabezas de los apóstoles. En tiempos más modernos, se han visto llamas de fuego en el techo de templos en que el pueblo de Dios estaba reunido en su nombre. En el avivamiento de la calle Asuza, llamaron a los bomberos para que extinguieran un incendio... y, al llegar, descubrieron que en el interior del edificio había creyentes adorando a Jesús. No se podía apagar con agua, porque no era un fuego natural. Ni todos los poderes del infierno pueden apagarlo. Los únicos capaces de tal cosa son aquellos a quienes ha sido confiada esa llama. Algunos creyentes bienintencionados tratan de controlar ese fuego, pensando que así sirven a Dios. Por el otro lado, hay quienes se entregan a la exaltación para avivar una llama emocional cuando el fuego ya ha cesado. Ambas son expresiones del hombre carnal: y cuando el hombre carnal está a cargo, la gloria de Dios se retira.

Si el Padre llenaba las casas del Antiguo Testamento con su gloria, aunque habían sido construidas por manos humanas, ¡cuánto más llenará el lugar que Él ha construido con sus propias manos! Él nos está edificando como lugar de morada eterna para sí.

Poder: Ser *"como Él es"* implica ser una expresión continua de poder. El bautismo en el Espíritu Santo nos reviste de este elemento celestial. Así como las ropas se colocan fuera del cuerpo, el poder debe ser la parte más visible de la iglesia que cree. Es el poder de salvación para el cuerpo, el alma y el espíritu.

Muchos, en el mundo que nos rodea, buscan ayuda de parapsicólogos o sectas antes de acudir a la iglesia. También buscan ayuda médica —legítima o no— antes de pedirnos oración. ¿Por qué? Porque, en general, no estamos revestidos de poder del cielo. Si lo tuviéramos, ellos lo verían. Si lo vieran, acudirían a nosotros.

El vacío de poder en la iglesia permite que sectas y falsos dones proféticos florezcan. Pero no habrá competencia cuando tales imitaciones se encuentren con la generación de Elías revestida de poder del cielo en el monte Carmelo del razonamiento humano.

Triunfo: Jesús venció todas las cosas: el poder del infierno, el sepulcro, el pecado y el diablo. Fue resucitado de los muertos, ascendió a la diestra del Padre y fue glorificado por sobre todos. Todo nombre y poder ha sido puesto bajo sus pies. Él nos llama su cuerpo, y ese cuerpo tiene pies. Hablando en sentido figurado, Él dice que la parte más baja de su cuerpo tiene autoridad sobre la parte más alta de todo lo demás. Esta victoria no significa que vivamos sin batallas; simplemente significa que nuestra victoria está asegurada.

La actitud de quienes viven *del* triunfo de Cristo es diferente de la de los que viven bajo la influencia de su pasado. La única parte del pasado a la que tenemos acceso legal es el testimonio del Señor.[11] El resto está muerto, enterrado, olvidado y cubierto bajo la sangre. El pasado no debería tener efectos negativos sobre la forma en que vivimos, ya que la sangre de Jesús es más que suficiente. Vivir de la victoria de Cristo es privilegio de todo creyente. Esta verdad constituye el fundamento de la Iglesia que triunfa como Él triunfó.

Santidad: Jesús es perfectamente santo; separado de todo lo que es malo, para todo lo que es bueno. La santidad es el idioma por medio del cual se revela la naturaleza de Dios. El salmista escribió la frase *"en la hermosura de la santidad"*. La santidad en la iglesia revela la belleza de Dios.

Nuestro concepto de santidad, aun en ciertos periodos de avivamiento, con frecuencia está centrado en nuestro comportamiento: lo que podemos o no podemos hacer. Pero lo que en el pasado, erróneamente, se redujo a una lista de "se puede o no se puede" pronto se convertirá en la mayor revelación de Dios que haya visto el mundo jamás. Mientras el poder demuestra el corazón de Dios, la santidad revela la hermosura de su naturaleza. Esta es la hora de la gran revelación de la hermosura de la santidad.

CONCLUSIÓN

Zacarías recibió una promesa de Dios que estaba más allá de su comprensión: iba a tener un hijo en su vejez. Era algo difícil de creer, así que le pidió a Dios que se lo confirmara. ¡Aparentemente, el hecho de que un ángel estuviera hablando con él no era señal suficiente! Dios lo mantuvo en silencio durante nueve meses. Cuando Dios silencia las voces de la incredulidad, generalmente es porque sus palabras podrían afectar el resultado de una promesa. Cuando Zacarías vio cumplida la promesa de Dios y decidió dar a su hijo el nombre que le había sido ordenado, aun contra los deseos de sus parientes, Dios soltó su lengua. Obedecer contrariando la opinión popular hace que la persona vuelva a la fe personal. Y esa es una fe que va en contra del entendimiento.

María también recibió una promesa que superaba toda posibilidad de comprensión. Iba a dar a luz al Hijo de Dios. Lo que no podía comprender era cómo sería posible esto, ya que ella era virgen. Comprender una promesa de Dios nunca fue requisito previo para que esta se cumpliera. La ignorancia pide entendimiento; la incredulidad pide pruebas. María se diferencia de Zacarías en que, aunque no entendía, se rindió ante la promesa. Su exclamación resuena como una de las expresiones más importantes que la iglesia puede aprender en este tiempo: *"Hágase en mí conforme a tu palabra"*.

Hemos comentado una promesa increíble de importancia fundamental para la iglesia. Pocas cosas hay que superen nuestra capacidad de comprensión como la frase *"Como él es, así somos nosotros en este mundo"*. Por eso, tenemos la posibilidad de elegir: podemos actuar como Zacarías y perder la voz, o como María, e invitar a Dios a restaurarnos las promesas que no podemos controlar.

Esta identidad establece una seguridad de carácter necesaria para acometer la guerra espiritual. El próximo capítulo nos brinda información que necesitamos para lograr el éxito en esa guerra.

NOTAS

1. 1 Juan 4:17 (RVR 60).
2. Apocalipsis 1:14-15.
3. Efesios 4:13.
4. Juan 7:39
5. Vea Hebreos 12:2.
6. John G. Lake, *His Life, His Sermons, His Boldness of Faith* [John G. Lake: Su vida, sus sermones, su osada fe], Ft. Worth, TX, Kenneth Copeland Publications, 1994, pág. 57.
7. Vea Juan 10:10.
8. Vea 2 Corintios 5:21.
9. Vea Efesios 1:21 y 3:20.
10. Mateo 16:24.
11. Vea Salmo 119:111.

Capítulo 14

GUERREAR PARA INVADIR

El verdadero cristiano es un combatiente de la realeza.
Es aquel al que le encanta entrar en la contienda con
toda su alma y tomar cautiva la situación para el
Señor Jesucristo.[1]

Hace demasiado tiempo que la Iglesia juega a la defensiva en la batalla por las almas. Nos enteramos de lo que alguna secta o algún partido político está planeando hacer y reaccionamos creando estrategias para contrarrestar los planes del enemigo. Formamos comités, las juntas directivas discuten el asunto y los pastores predican contra lo que el diablo está haciendo o piensa hacer. Puede ser que esto lo sorprenda, pero a mí no me importa lo que el diablo piensa hacer. La Gran Comisión me pone en la ofensiva. Yo tengo la pelota. Y si la llevo bien, lo que él planee no tendrá importancia.

Imagine un equipo de fútbol americano reunido en el campo de juego. El entrenador indica la jugada, y el *mariscal de campo*[2] se comunica con sus compañeros de ataque. A los costados están los jugadores de ataque del equipo contrario. El *mariscal de campo* de ese equipo está alineado fuera del campo con sus compañeros, pero no tienen el balón, ni están en el campo de juego. Ahora, imagine que los jugadores que verdaderamente están atacando, se distraen por las acciones intimidatorias de los atacantes del otro equipo. Engañado por sus trucos, el *mariscal de campo* sale corriendo del campo de juego, presa del pánico, para informar al entrenador que será mejor que ponga a la defensa en el campo, porque el otro equipo está por implementar una jugada sorpresiva.

Por tonto que parezca, esto es lo que hace gran parte de la Iglesia actualmente. Satanás revela sus planes para ponernos a la defensiva. El diablo ruge, y nosotros actuamos como si nos hubiera mordido. Detengamos esta tontería y dejemos de alabar al diablo con interminables discusiones sobre "lo que anda mal en el mundo a causa de él". Nosotros tenemos el balón. Los que nos antecedieron, observan con entusiasmo el equipo ofensivo que ha sido puesto en el campo. El potencial superior de esta generación no tiene nada que ver con que nosotros seamos buenos, pero sí tiene todo que ver con el plan del Maestro que nos ubicó en este punto de la historia. Debemos ser la peor pesadilla del diablo.

POR QUÉ SATANÁS DEJA QUE SE FILTREN SUS SECRETOS

Sinceramente, creo que Satanás permitirá que sus estrategias lleguen a nuestro conocimiento para que actuemos en consecuencia. A Satanás le gusta tener el control. Y tiene el control cuando no lo tenemos nosotros. Las reacciones provienen del miedo.

¡No tenemos por qué estar "aguantando" hasta que Jesús venga! Somos un cuerpo de personas vencedoras que han sido compradas por la sangre, llenas del Espíritu y enviadas por Dios mismo para que todo lo que Él ha hablado se cumpla. Cuando planificamos basándonos en los planes del diablo, automáticamente nos revestimos de la mentalidad equivocada. Esas actitudes incorrectas pueden convertirse precisamente en las fortalezas de pensamiento que invitan a un asalto lícito desde el infierno. Como tales, nuestros temores se convierten en profecías autocumplidas.

LOS SECRETOS BÍBLICOS DE LA GUERRA

La guerra espiritual es inevitable. No tener en cuenta esta verdad no la hará desaparecer. Por lo tanto, debemos aprender a batallar con autoridad sobrenatural. Con frecuencia pasamos por alto los siguientes principios:

1. *"Cuando el faraón dejó salir a los israelitas, Dios no los llevó por el camino que atraviesa la tierra de los filisteos, que era el más corto, pues pensó: «Si se les presentara batalla, podrían cambiar de idea y regresar a Egipto.»"*.[3]

Dios sabe cuánto podemos soportar en nuestro estado actual. Él nos aparta de cualquier guerra que podría hacernos volver y abandonar nuestro llamado. Esto implica que solo nos lleva a las batallas que estamos preparados para ganar.

El lugar más seguro, en esta guerra, es la obediencia. En el centro de su voluntad, encontraremos solo las situaciones que estamos preparados para ganar. Fuera de ese centro, muchos cristianos caen, ya que enfrentan presiones que no les corresponden porque ellos mismos se las han infligido. La voluntad de Dios es el único lugar donde es seguro estar.

2. *"Dispones ante mí un banquete en presencia de mis enemigos"*.[4]

A Dios no lo intimidan en lo más mínimo las payasadas de Satanás. De hecho, Dios desea tener comunión con nosotros delante de los mismos ojos del diablo. La intimidad con Dios es nuestro punto fuerte. Nunca permita que nada lo distraiga de esa fuente de fortaleza. Muchos se dedican a la guerra demasiado intensamente para su propio bien. Tal intensidad con frecuencia implica demostraciones de fortaleza humana, no de gracia. Elegir esta mentalidad de "guerra intensa" nos hace apartarnos del gozo y la intimidad con Dios. Es una indicación de que nos hemos apartado de nuestro primer amor.[5] La intimidad que Pablo disfrutaba con Dios le permitió decir desde una cárcel romana infestada de demonios: *"Alégrense siempre en el Señor. Insisto: ¡Alégrense!"*.

3. "... sin temor alguno a sus adversarios, lo cual es para ellos señal de destrucción. Para ustedes, en cambio, es señal de salvación, y esto proviene de Dios".[6]

Cuando nos negamos a temer, el enemigo queda aterrado. Un corazón seguro y confiado es una señal indubitable de su final destrucción y de nuestra actual victoria. No tema... ¡Jamás! Retorne a las promesas de Dios, pase tiempo con personas de fe y anímense unas a otras con los testimonios del Señor. Alaben a Dios por ser quien es hasta que el temor ya no golpee a su puerta. Esto no es optativo, porque el temor abre la puerta para que el enemigo mate, robe y destruya.

4. "Así que sométanse a Dios. Resistan al diablo, y él huirá de ustedes".[7]

La sumisión es la clave del triunfo personal. Nuestra principal batalla en la guerra espiritual no es contra el diablo, sino contra la carne. Someternos a Dios hace que los recursos del cielo estén a nuestra disposición para una victoria permanente, cumpliendo así lo que ya fue obtenido en el Calvario.

5. "... y las puertas del reino de la muerte no prevalecerán contra ella".[8]

Dios no me dejó aquí en el planeta Tierra para que permanezca escondido esperando el regreso de Jesús. Debo ser un "agregado militar" del cielo. La Iglesia debe atacar. Por eso, las puertas del "reino de la muerte" [el infierno; lugar de gobierno y fortaleza demoníaca] NO PREVALE-CERÁN contra la Iglesia.

6. "El SEÑOR hizo que su pueblo se multiplicara; lo hizo más numeroso que sus adversarios, a quienes trastornó para que odiaran a su pueblo y se confabularan contra sus siervos".[9]

Primero, Dios nos hace fuertes, y luego atiza el odio del diablo contra nosotros. ¿Por qué? No es porque le guste crear problemas para su Iglesia. Es porque le gusta ver al diablo vencido por aquellos que fueron hechos a la imagen de Él, que tienen una relación de amor con Él por decisión propia. Somos aquellos en quienes Él ha delegado su autoridad. Él se deleita en ver cómo cumplimos el triunfo de Jesús: "... *para que se cumpla en ellos la sentencia escrita. ¡Ésta será la gloria de todos sus fieles!*".[10]

7. *"Que canten de alegría los habitantes de Selá, [...]. El SEÑOR marchará como guerrero; como hombre de guerra despertará su celo. Con gritos y alaridos se lanzará al combate, y triunfará sobre sus enemigos"*.[11]

Nuestro ministerio para Dios es uno de los privilegios más importantes de la vida. La alabanza honra a Dios, pero también nos edifica a nosotros, y destruye a los poderes del infierno.

Es sorprendente pensar que puedo alabar a Dios, sentir que su paz llena mi corazón, y escucharlo decir que soy un poderoso hombre de valor. Lo único que yo hice fue adorarlo. Él destruyó los poderes del infierno por mí y me dio los "puntos" de la victoria.

Esta lista, naturalmente, no es exhaustiva. Es solo lo suficiente como para volver nuestra perspectiva sobre la guerra espiritual de una visión religiosa y carnal, a una conforme a la mentalidad del Reino. Arrepiéntase, cambie su manera de pensar, y podrá ver cuán "cercano" está realmente el Reino.

Nacimos en guerra. No hay descansos ni vacaciones, ni licencias. El lugar más seguro para estar es en el centro de la voluntad de Dios, el lugar de profunda intimidad con Él. Allí, Él solo permite que lleguen a nuestra vida las batallas que estamos preparados para ganar.

No solo es el lugar más seguro, sino el más gozoso para cada creyente. Fuera de la intimidad, es muy posible que nos perdamos el acontecimiento más importante del mundo. Ese es el tema del próximo capítulo.

NOTAS

1. John G. Lake, *His Life, His Sermons, His Boldness of Faith* [John G. Lake: Su vida, sus sermones, su osada fe], Kenneth Copeland Publications, Ft. Worth, TX, 1994, pág. 205.

2. Mariscal de campo (en inglés: *quarterback*) es una posición del fútbol americano y canadiense. Los mariscales de campo son los líderes del equipo ofensivo e inician las jugadas ofensivas, así como son responsables de decirles la jugada a los demás.

3. Éxodo 13:17.

4. Salmo 23:5.

5. Vea Apocalipsis 2:4.

6. Filipenses 1:28.

7. Santiago 4:7.

8. Mateo 16:18.

9. Salmo 105:24-25.

10. Salmo 149:9.

11. Isaías 42:11, 13.

Capítulo 15

CÓMO PERDERSE UN AVIVAMIENTO

El avivamiento es central para el mensaje del Reino,
ya que en él vemos más claramente cómo es el
dominio de Dios y cómo debe afectar a la sociedad. El
avivamiento, en su mejor forma, es: "venga tu Reino".
En una palabra, el avivamiento es una demostración
de la vida cristiana normal.

Antes que llegara el Mesías, los líderes religiosos oraban y enseñaban sobre su llegada. Había una conmoción mundial, aun en una sociedad secular, por algo maravilloso que estaba a punto de suceder. Y entonces, en un pesebre de Belén, nació Jesús.

Los que estudiaban las estrellas sabían quién era Él, y recorrieron una larga distancia para adorarlo y darle presentes. El diablo también lo sabía, e impulsó a Herodes para que matara a los bebés varones recién nacidos tratando de detener el plan de Jesús para redimir a la humanidad. Al fracasar, trató de atraer a Jesús para que pecara tentándolo en el desierto. Lo más sorprendente es que esta visitación de Dios no escapó a los endemoniados, como el gadareno. Este, al ver a Jesús, cayó ante Él en adoración, y pronto fue libre de su vida de tormento. Pero los líderes religiosos que habían orado por su venida no lo reconocieron cuando Él llegó.

Pablo y Silas predicaron el evangelio por toda Asia Menor. Los líderes religiosos decían que eran del diablo. Pero una jovencita que tenía un don de adivinación de origen demoníaco dijo que eran de Dios. ¿Cómo puede ser que quienes supuestamente son ciegos para lo espiritual pudieran ver y los que eran conocidos por su visión no reconocieran lo que Dios estaba haciendo?

La historia está llena de personas que oraron por una visitación de Dios y la pasaron por alto cuando llegó. Esto les sucedió aun a algunos que tenían una fuerte relación con Dios.

OTRA CLASE DE CEGUERA

Muchos creyentes tienen una ceguera que el mundo no tiene. El mundo conoce su necesidad. Pero muchos cristianos, después que nacen de nuevo, dejan de reconocer su necesidad. Hay algo en la desesperación por Dios que permite a una persona reconocer si algo es de Dios o no. Jesús habló de este fenómeno diciendo: *"Yo he venido a este mundo para juzgarlo, para que los ciegos vean, y los que ven se queden ciegos"*.[1]

El testimonio de la historia y el registro bíblico nos advierten la posibilidad de este error. *"Por lo tanto, si alguien piensa que está firme, tenga cuidado de no caer"*.[2] Mateo dice que son los de corazón insensible los que no ven.[3] La implicación sería que los de corazón insensible tienen una historia con Dios, pero no se mantuvieron al corriente de lo que Dios estaba haciendo. Mantenemos nuestra "sensibilidad" cuando reconocemos nuestra necesidad y buscamos apasionadamente a Jesús. Ese primer amor, de alguna forma, nos mantiene a salvo en el centro de las actividades de Dios en la Tierra.

La iglesia de Éfeso recibió una carta de Dios. En ella, Jesús hablaba de que ellos habían abandonado su primer amor. El primer amor es apasionado por naturaleza y domina todos los demás asuntos en la vida de la persona. Si ellos no corregían ese problema –les dice Dios en la carta– Él quitaría su "candelero". Aunque los teólogos no están de acuerdo en cuanto al significado de ese candelero, una cosa es cierta: una lámpara nos permite ver. Sin ella, la iglesia de Éfeso perdería sus capacidades perceptivas. La ceguera o insensibilidad de la que hablamos no es siempre la que lleva al infierno. Solo nos impide alcanzar la plenitud de lo que Dios quiere para nosotros aquí en la Tierra. Cuando la pasión muere, la lámpara de la percepción, al final, es quitada.

MANTENERSE AL TANTO

Este fenómeno se ha visto en la historia de la Iglesia: quienes rechazan un mover de Dios generalmente son los que experimentaron el último. Esto no se aplica a todos, ya que siempre hay algunos cuya hambre de Dios aumenta con los años. Pero muchos sienten que "ya llegaron", no a la perfección, sino a donde Dios deseaba que estuvieran. Pagaron un precio para experimentar *el* mover de Dios.

Y se preguntan: "¿Cómo Dios va a hacer algo nuevo sin mostrárnoslo primero a nosotros?". Dios es Dios de cosas nuevas. Si tenemos hambre de Él, anhelaremos el cambio que nos traen sus "cosas nuevas". La pasión por Dios nos mantiene frescos y nos equipa para reconocer la mano de Él aun cuando otros la rechazan. Eso es lo que este mover actual requiere de nosotros. El temor al engaño se diluye en la seguridad de que Dios puede evitar que caigamos.[4]

Agradezco por los muchos santos maduros que consideran a este actual mover de Dios un regalo del cielo. Muchos historiadores de la iglesia han declarado que este avivamiento es genuino. Han visto que produce el mismo fruto y causa la misma conmoción en la Iglesia que los anteriores avivamientos de la historia. Ha sido alentador escuchar a varios teólogos afirmar que este avivamiento es un verdadero mover de Dios. Pero no es su sello de aprobación lo que yo busco.

Cuando los grandes líderes de la Iglesia se levantan y declaran que hay un avivamiento, eso me alienta. Ha sucedido en mi propia denominación.

Pero aun eso no me interesa tanto como la verdadera marca de parte de Dios sobre el avivamiento. En su sabiduría, Dios creó las cosas de tal manera que, cuando Él actúa, el mundo es el primero que lo nota, generalmente. Yo busco la respuesta de los endemoniados. Es del drogadicto, del ex convicto y de la prostituta de quien yo quiero oír. Cuando Dios se mueve con el poder de avivamiento, estas personas, miran, no como críticos, sino como seres que necesitan tremendamente a Dios. Y estamos escuchando mucho de ellos. Son transformados, y dicen: "Solo Dios pudo hacer este cambio en mi vida. ¡Esto es de Dios!".

Estar en una situación de gran necesidad permite a una persona detectar cuando Dios está haciendo algo nuevo. Esa "situación de gran necesidad" no necesariamente será la adicción a las drogas o la prostitución. Todo cristiano debe tener un corazón desesperado por Dios. ¡Estamos tremendamente necesitados! Jesús habló del tema con estas palabras: *"Dichosos los pobres en espíritu, porque el reino de los cielos les pertenece"*.[5] Permanecer pobres en espíritu y tener un apasionado "primer amor" por Jesús son las claves que Dios creó para que no nos desviemos de su obra.

CÓMO LOS SANTOS SE PIERDEN EL MOVER DE DIOS

Andrew Murray es uno de los grandes santos de Dios de principios del siglo XX. Fue conocido como un gran maestro y por su pasión por la oración. Sus clamores por el avivamiento son legendarios. Cuando fue a Gales a examinar el avivamiento de 1904, la extraordinaria presencia de Dios que había allí lo conmovió. Pero salió de Gales, pensando que, si se quedaba, podría contaminar —sin intención— la pureza de la obra de Dios. No continuó insistiendo en el avivamiento por el que había estado orando.

Generalmente, el mover de Dios viene con un estigma, algo que es desagradable, hasta repulsivo para algunos. Las lenguas se convirtieron en el estigma del siglo XX que muchos no quisieron cargar sobre sí.

G. Campbell Morgan, el gran hombre de Dios y expositor bíblico, rechazó el avivamiento pentecostal y lo llamó "el último vómito del infierno". Soportar el escarnio es, con frecuencia, requisito para ser parte del avivamiento.

Una vez que una persona nace de nuevo, parece que la mente natural no tiene gran incentivo para buscar más de lo que trae oprobio. Es esa ausencia de desesperación lo que hace que los creyentes se pierdan el mover de Dios.

SOPORTAR SU ESCARNIO

María recibió el anuncio más sorprendente que jamás haya sido dado a una persona. Iba a dar a luz al Cristo niño. Fue elegida por Dios y llamada la que había *"recibido el favor de Dios"*.

Este favor comenzó con la visita de un ángel. Esa experiencia, en sí, ya fue bastante atemorizante. Después, recibió una noticia incomprensible e imposible de explicar. A la conmoción inicial le siguió el deber de contárselo a José, su futuro esposo. La reacción de él fue resolver *"divorciarse de ella en secreto"*.[6] En otras palabras, no creyó que fuera de Dios, y no quiso continuar con los planes para la boda. Después de todo, ¿cuál es el capítulo y el versículo donde aparece esta manifestación del obrar de Dios con su pueblo? Nunca ha sucedido antes. No había precedente bíblico de que una virgen diera a luz un hijo.

Además de su obvio conflicto con José, María tendría que soportar el estigma de ser madre de un hijo ilegítimo todos los días de su vida. Lo que el cielo considera favor no siempre es agradable desde nuestro punto de vista.

Como María, quienes experimentan el avivamiento tienen encuentros espirituales que van más allá de la razón. Rara vez entendemos inmediatamente lo que Dios está haciendo y por qué lo hace. A veces, aun nuestros amigos más queridos quieren "divorciarse en secreto" de nosotros, declarando que ese mover es del diablo. Además, el resto del cuerpo de Cristo nos considera un "elemento marginal". La disposición para cargar con el reproche de nuestros hermanos es parte del costo que pagamos por el mover del Espíritu.

"Por eso también Jesús, [...], sufrió fuera de la puerta de la ciudad. Por lo tanto, salgamos a su encuentro fuera del campamento, llevando la deshonra que él llevó".[7] El avivamiento, con frecuencia, nos lleva fuera del campamento (la comunidad religiosa). Muchas veces, allí está Él: ¡fuera del campamento!

El estigma en sí mismo no es garantía de que estemos viviendo un verdadero mover de Dios. Algunas personas reciben oprobio por sus herejías, impureza o legalismo. La vergonzosa tensión de ser contado entre estos es lo que hace el verdadero estigma mucho más difícil de soportar. Daniel conocía este conflicto interno, y permaneció fiel a su llamado aunque era considerado "un mago más" por el rey y su corte.

¿EL CIELO AHORA, O EL CIELO AQUÍ?

Como hemos dicho, apagar el Espíritu es la mayor causa del fin de un avivamiento. Aun quienes han adoptado el mover de Dios suelen llegar a un punto en que su comodidad se ve forzada al máximo, así que comienzan a buscar un lugar donde "establecerse"; una posición que puedan comprender y controlar.

La segunda razón principal por la que se termina un avivamiento es que la Iglesia comienza a buscar el regreso del Señor en lugar de buscar un mayor cumplimiento de la Gran Comisión. Esa clase de hambre del cielo no se promueve en *La Biblia*. Tal situación convierte la bendita esperanza en el "bendito escape". Querer que Jesús venga ahora es sentenciar a miles de millones de personas al infierno para siempre. No es que no debamos anhelar el cielo. Pablo dijo que ese anhelo es consuelo del cristiano. Pero buscar el fin de todas las cosas es pronunciar juicio sobre toda la humanidad que no tiene a Cristo. Ni siquiera Pablo quería regresar a Corinto hasta que los corintios hubieran obedecido en todo. ¿Acaso Jesús, el que pagó por todos los pecados, está ansioso por retornar sin recoger esa gran cosecha final? Yo creo que no.

Creo que el deseo de la Iglesia, de estar en el cielo ahora es, en realidad, la falsificación de "buscar primero el Reino". No es lo mismo clamar por el cielo *ahora* que por el cielo *aquí*. Si un avivamiento nos ha llevado hasta el fin de nuestros sueños, ¿significa que hemos llegado al fin de los sueños de Dios? El avivamiento debe ir más allá de lo que podemos imaginar. Si no llega a eso, no es todo lo que podría ser.

Muchos líderes de avivamientos han visto tales acontecimientos que creyeron que el regreso del Señor era inminente. Así, no equiparon a la iglesia para hacer lo que tenía dones para hacer. Por consiguiente, influyeron solo sobre multitudes, y no sobre naciones y generaciones.

Debemos planificar como si tuviéramos toda una vida para vivir, pero trabajar y orar como si solo tuviéramos muy poco tiempo.

ENCUENTROS CERCANOS

Los discípulos, que estaban acostumbrados a que Jesús los sorprendiera a cada paso, se encontraron una vez más en una situación inusual: esperando la promesa del Padre... fuera esta lo que fuera. Los diez días que pasaron juntos, sin duda, les dieron oportunidad para lamentar sus estúpidas conversaciones sobre quién sería el mayor entre ellos y quién nunca iba a traicionar al Señor. Algo de esto debe de haber sucedido, ya que todos estaban aún juntos aunque Jesús no estaba entre ellos para mantenerlos en paz.

Estaban por tener un encuentro inmensamente superior a cualquier experiencia previa. Dios estaba por saturarlos de sí mismo, tomando el poder que habían visto fluir de Jesús y haciéndolo explotar dentro de ellos. Esta sería la culminación de la obra de restauración y comisión desde que el hombre había abandonado el llamado a sojuzgar la Tierra en el Génesis. Este sería el mayor suceso de todos los tiempos para toda la humanidad.

Habían pasado diez días, había llegado Pentecostés, y ellos estaban aún orando, como habían hecho los anteriores nueve días. *"De repente..."*.[8] Un cuarto con 120 personas ahora se llenaba de ruidos de viento, fuego y expresiones extáticas de alabanza pronunciadas en idiomas conocidos y desconocidos.[9]

Sea como sea que se interprete la instrucción de Pablo sobre el uso de los dones espirituales, en una cosa debemos estar todos de acuerdo: esta reunión fue enteramente dirigida por el Espíritu Santo. Esta Iglesia que solo comenzaba a dar sus primeros pasos aún no había aprendido a tratar de controlar a Dios. No tenían prejuicios sobre las prácticas que eran aceptables y las que no lo eran. No tenían base bíblica o experimental para lo que estaba sucediendo. Observe los elementos de este culto dirigido por el Espíritu Santo:

1. Estaban orando.

2. Estaban en unidad.

3. Todos hablaron en lenguas.

4. Los inconversos escucharon las lenguas.

5. Muchas personas fueron salvas.[10]

Reflexionemos sobre el problema del grupo de Hechos 2: acababan de tener un encuentro con Dios sin tener capítulo ni versículo que explicara lo que había sucedido. Pedro, bajo la dirección del Espíritu Santo, decidió usar Joel 2 como texto de prueba que brindara el necesario respaldo a su experiencia. Joel 2 declara que iba a haber un derramamiento del Espíritu Santo que incluiría profecía, sueños y visiones. El derramamiento sucedió en Hechos 2 tal como se había prometido, pero no incluía ninguna de las cosas que mencionaba Joel. En cambio, tenía el sonido del viento, el fuego y las lenguas. Fue Dios quien usó este pasaje para respaldar la nueva experiencia.

El hecho de que esto parece una interpretación errónea de *La Biblia* debería revelarnos que somos nosotros quienes, con frecuencia, interpretamos incorrectamente el Libro. *La Biblia* no es un libro de listas que confinen o restrinjan a Dios. La Palabra no contiene a Dios; lo revela. Joel 2 revelaba la naturaleza de la obra de Dios entre los hombres. Hechos 2 fue la ilustración de lo que Dios quería lograr con esa profecía.

OFENDER O NO OFENDER

Muchos cultos de las iglesias están diseñados para ser lo menos ofensivos posible. Se supone que cualquier uso de los dones del Espíritu hará que las personas salgan corriendo y las espantará del evangelio. Pero ellas ya están espantadas.

En su mayor parte, la adoración expresiva, la ministración de los dones espirituales y cosas similares solo espantan a los cristianos que han tenido la lamentable experiencia de haber sido enseñados a estar en contra de ellos. Y muchos de estos mismos cristianos aceptan tales cosas cuando enfrentan una situación imposible y necesitan la ayuda de alguien que tenga experiencia en el evangelio de poder.

La iglesia tiene una enfermiza adicción a la perfección, que no le permite dar el más mínimo lugar al desorden. Esta pauta solo puede ser satisfecha si se restringe o se rechaza el uso de los dones del Espíritu. *"Todo debe hacerse de una manera apropiada y con orden"*.[11] Ese *"todo"* del que habla el versículo se refiere a las manifestaciones del Espíritu Santo. Por lo tanto, es necesario hacer *"todo"* antes de tener el derecho de discutir sobre el orden.

Mantener las cosas bien ordenadas se ha convertido en nuestra gran comisión. Los dones del Espíritu Santo interfieren con nuestro deseo de orden, y el orden llega a ser valorado por encima del crecimiento. ¿Por qué, entonces, deberíamos valorar un desorden que se produzca ocasionalmente? *"Donde no hay bueyes el granero está vacío* [y limpio]; *con la fuerza del buey aumenta la cosecha"*.[12] Los desórdenes son necesarios para crecer.

¿Cuán importante es el crecimiento para Dios? Jesús, cierta vez, maldijo a una higuera por no dar fruto… ¡fuera de estación![13] Un hombre, en una de sus parábolas, fue arrojado a las tinieblas de afuera por enterrar su dinero y no aumentarlo para su amo.[14]

Hay una gran diferencia entre las tumbas y las guarderías. Una tiene un orden perfecto; la otra tiene vida. La persona que no tiene hijos, al entrar en la guardería de la iglesia y ver la gozosa actividad de los niños, quizá diga que el lugar está en desorden. Comparado con su sala de estar, sin duda lo está. Pero cuando una madre o un padre entran y ven a su pequeño jugando con otros niños, piensan que todo está bien. Es todo un asunto de perspectiva. El orden tiene como objetivo promover la vida. Si no lo hace, va en contra de las cosas que decimos valorar.

¿A IMAGEN DE QUIÉN?

Nos perdemos a Dios cuando vivimos como si ya lo hubiéramos descifrado por completo. Tenemos el hábito de hacerlo ver como nosotros. De hecho, si creemos que lo entendemos, probablemente es porque lo hemos conformado a nuestra imagen. Debe permanecer un cierto misterio en nuestra relación con Aquel que se propuso obrar más allá de nuestra capacidad para imaginar.[15] Tratar de conocerlo es embarcarnos en una aventura en la que las preguntas cada vez son más.

Nuestro deseo —dado por Dios— de un avivamiento debe hacernos sentir tan desesperados que podamos reconocerlo cuando Él llegue. Sin esa desesperación, nos quedamos satisfechos con nuestra situación actual y nos convertimos en nuestros peores obstáculos para cambiar la historia.

No podremos cambiar verdaderamente la historia hasta que no estemos dispuestos a ensuciarnos las manos. Y esto lo hacemos cuando aceptamos sin reservas el llamado a infiltrarnos en el sistema de esta Babilonia en que vivimos, que será el tema de nuestro próximo capítulo.

--- NOTAS ---

1. Juan 9:39.
2. 1 Corintios 10:12.

3. Vea Mateo 13:15.
4. Vea Judas 24.
5. Mateo 5:3.
6. Vea Mateo 1:19.
7. Hebreos 13:12-13.
8. Hechos 2:2.
9. Hechos 2:4-11.
10. ¿Será posible que las instrucciones de Pablo sobre el uso adecuado de los dones hayan sido utilizadas para definir Hechos 2, en lugar de que Hechos 2 ilustrara la interpretación correcta de la instrucción de Pablo en 1 Corintios 12 y 14?
11. 1 Corintios 14:40.
12. Proverbios 14:4 (Énfasis del autor).
13. Vea Marcos 11:13-14.
14. Vea Mateo 25:24-30.
15. Vea Efesios 3:20.

Capítulo 16

INFILTRÉMONOS EN EL SISTEMA

> *"¿Con qué voy a comparar el reino de Dios?*
> *Es como la levadura que una mujer tomó y*
> *mezcló con una gran cantidad de harina,*
> *hasta que fermentó toda la masa".* [1]

Una vez, enseñé este pasaje en una pequeña conferencia de pastores en un país europeo. El tema era: "El poder de infiltración del reino de Dios". De la misma forma que la luz expone o la sal conserva, la levadura influye en lo que la rodea de una manera sutil, pero intensa. Lo mismo sucede con el reino de Dios. Hablé sobre algunas estrategias prácticas que hemos implementado como iglesia para infiltrarnos en el sistema social de nuestra zona para la causa de Cristo.

En nuestra iglesia, había un joven que estaba siendo juzgado. Ya había pasado un tiempo en la cárcel y le esperaba una posible sentencia a veinte años de cárcel. Había cometido el delito antes de convertirse recientemente. Tanto el juez como el fiscal admitían que la vida de este joven había sido transformada por Dios. Pero querían que se hiciera justicia por su delito. Así que lo sentenciaron a seis meses de cárcel en una prisión donde se cumplían sentencias breves. El domingo antes que él debiera presentarse para ser encarcelado, le impusimos las manos para comisionarlo a un campo misionero al que ninguno de nosotros podía entrar. Como resultado de este "infiltrado", más de sesenta de los casi ciento diez internos de esa cárcel aceptaron a Cristo en el lapso de un año.

Después de mi mensaje a los pastores, varios líderes se reunieron para comentar los conceptos que yo había presentado. Después, vinieron a informarme que yo estaba equivocado.

– La levadura siempre es una referencia al pecado -me dijeron- y esta parábola muestra que la Iglesia estará llena de pecado y concesiones en los últimos días.

Lo veían como una advertencia, no como una promesa.

Aunque no deseo deshonrar a mis hermanos,[2] rechazo esta postura de "supervivencia", porque nos desarma y nos distrae de la verdadera mentalidad de Cristo, que es de gran triunfo. El error que cometieron estos hermanos tiene dos aspectos:

1. Confundieron el Reino con la iglesia. No es lo mismo. La Iglesia debe vivir en el ámbito del dominio del Rey, pero, en sí misma, no es el Reino. Aunque el pecado infecta la Iglesia, el Reino es el ámbito donde Dios reina. El pecado no puede penetrar en ese ámbito ni influir en él.

2. Su preconcepto de una Iglesia débil, llena de problemas en los últimos días, les dificulta ver la promesa de Dios para el avivamiento. Es imposible tener fe si no tenemos esperanza. Esta forma de interpretación de *Las Sagradas Escrituras* ha paralizado a la Iglesia.

NUESTRO TURNO

Sin una revelación de lo que Dios desea hacer con su Iglesia, no podemos avanzar con una fe vencedora. Cuando la meta principal de nuestra fe es mantenernos a salvo del demonio, nuestra fe es menos de lo que Dios espera. Jesús tenía en mente mucho más para nosotros que simplemente sobrevivir. Estamos destinados a vencer. Cada conversión es un saqueo al infierno. Cada milagro destruye las obras del diablo. Cada encuentro con Dios es una invasión del Todopoderoso a nuestra desesperante situación. Ese es nuestro gozo. La llama original de Pentecostés, el Espíritu Santo mismo, arde en mi alma. Tengo la promesa de Dios. Soy parte de una multitud de personas destinadas a hacer obras mayores que las que Jesús hizo en su ministerio terrenal. ¿Por qué es tan difícil ver a la Iglesia con una influencia significativa en los últimos días? Fue Dios quien determinó que la esposa fuera sin mancha y sin arruga. Fue Dios quien declaró: "*Mira, las tinieblas cubren la tierra, y una densa oscuridad se cierne sobre los pueblos. Pero la aurora del SEÑOR brillará sobre ti; ¡sobre ti se manifestará su gloria!*".[3] Fue Dios quien nos llamó "*vencedores*".[4]

La parábola de la levadura ilustra la sutil, pero abrumadora influencia del Reino en cualquier ambiente en el que se lo ubique. En estos días, Dios ha planeado ponernos en las situaciones más oscuras para demostrar su dominio.

El joyero suele colocar los diamantes sobre un terciopelo negro. El brillo de la gema se destaca más contra un fondo oscuro. Lo mismo sucede con la Iglesia. La situación entenebrecida de las circunstancias mundiales se convierte en el telón de fondo sobre el cual Él expone a su gloriosa Iglesia. "*Donde abundó el pecado, sobreabundó la gracia*".[5]

Para ilustrar el principio de infiltrarse en un sistema mundial entenebrecido, examinaremos a dos héroes del Antiguo Testamento que nos dan una visión profética para la Iglesia vencedora de hoy.

DANIEL COMO LEVADURA

Daniel tenía, probablemente, unos quince años cuando comienza su historia. Fue arrancado de su familia, convertido en eunuco y puesto al servicio del rey. Él y Sadrac, Mesac y Abednego, fueron elegidos porque eran *"apuestos y sin ningún defecto físico, que tuvieran aptitudes para aprender de todo y que actuaran con sensatez; jóvenes sabios y aptos para el servicio en el palacio real, a los cuales Aspenaz debía enseñarles la lengua y la literatura de los babilonios".*[6]

Daniel comenzó como aprendiz en la corte de Nabucodonosor, pero luego fue ascendido a asesor de reyes extranjeros. Creció por encima de todos los demás en sabiduría y se convirtió en consejero del rey. Debido a la excelencia de su servicio y poder, el rey lo consideraba diez veces mejor que todos los demás.[7]

Para comprender mejor el entorno, recordemos que Daniel era parte de uno de los reinos más demoníacos que jamás haya gobernado en la Tierra. Estaba profundamente insertado en ese sistema. Se lo contaba entre los magos, astrólogos y brujos. Aunque Dios lo consideraba su hombre, para el rey, él era un parapsicólogo más...; al menos, así fue por un tiempo. Extraño grupo de gente en el cual incluirlo, especialmente cuando pensamos que estamos hablando de Daniel, un profeta sin mancha. Su negativa a contaminarse es legendaria, y marca una nueva medida para generaciones de profetas que lo seguirían.

Babilonia era una sociedad compleja, con suficientes distracciones como para mantener a cualquier hebreo en constante tensión entre la devoción a Dios y un insano amor por este mundo. Si agregamos su arraigada idolatría y la presencia demoníaca que esto conlleva, tenemos una combinación mortal que socavaría la fe de cualquier cristiano distraído. Daniel, por el contrario, poseía una devoción absoluta a Dios y un propósito marcado e inflexible. Buscaba la excelencia en su puesto como "levadura". Si buscamos a alguien con motivos para amargarse, aquí lo tenemos: arrebatado de su familia, forzado a convertirse en eunuco y a trabajar entre ocultistas. La grandeza de Dios se ve, con frecuencia, al otro lado de la injusticia y la ofensa. Daniel superó este obstáculo, pero no porque él fuera grande. ¡Él obtuvo la victoria gracias a su devoción a Aquel que es verdaderamente grande!

EL PODER DE LA SANTIDAD

Daniel descubrió desde temprano el poder de la santidad. No estaba dispuesto a comer las elaboradas comidas del rey. La separación para Dios se demuestra en el estilo de vida, no en las relaciones. Él no podía controlar lo que lo rodeaba. Con frecuencia, la Iglesia entiende esto al revés. Muchos, en la Iglesia, viven como los del mundo, pero no se relacionan con inconversos para no mancharse. Muchos cristianos prefieren trabajar en empresas cristianas, asistir a reuniones cristianas y aislarse de las mismas personas que debemos alcanzar en nombre de Dios. Este es el resultado lógico de la teología de la supervivencia. El Reino es el ámbito del Espíritu de Dios que demuestra el señorío de Jesús. Y la vida que es levadura en un mundo oscuro es aquella que tiene el poder del Espíritu Santo.

EL MÁXIMO DESAFÍO

¡El máximo desafío se les planteó a los sabios del rey cuando él les pidió que no solo interpretaran un sueño que había tenido, sino también le dijeran qué había soñado! Ellos no pudieron hacerlo, por lo que el rey ordenó que todos los sabios fueran muertos. Así que Daniel y sus amigos fueron buscados para matarlos. Daniel pidió una audiencia con el rey. Él creía que Dios iba a darle la posibilidad de llevar al rey Palabra de Dios. Cuando estuvo ante él, Daniel le dijo cuál era el sueño y cuál su interpretación, pero antes, le enseñó una virtud del Reino llamada humildad. Le dijo: *"Por lo que a mí toca, este misterio me ha sido revelado, no porque yo sea más sabio que el resto de la humanidad, sino para que Su Majestad llegue a conocer su interpretación y entienda lo que pasaba por su mente"*.[8] En otras palabras, no es porque yo sea grande o superdotado, sino porque Dios quiere que vivamos y quiere que usted reciba este mensaje. Después, interpreta el sueño como siervo.

Gran parte de la teología del Reino, en la actualidad, está concentrada en el gobierno, en el sentido de que los creyentes lleguen a ser cabeza de grandes empresas y gobiernos. Y, en cierta medida, esto es cierto. Pero nuestro punto fuerte ha sido, y siempre será, el servicio. Si, sirviendo, somos ascendidos a puestos de gobierno, debemos recordar que lo que nos llevó allí, nos mantendrá allí. En el Reino, el más grande es el siervo de todos. Use toda posición que tenga para servir con más poder.

ASCENSO Y CONFLICTO

Los cuatro hebreos fueron ascendidos como resultado del don profético de Daniel. Por favor, tenga en cuenta que no se menciona que Daniel haya practicado este don antes de esta crisis. Lo mismo le sucedió a un evangelista amigo mío cuando era joven. Fue invitado a predicar en una iglesia en Canadá. Cuando bajó del avión, el pastor lo recibió con una expresión de sorpresa en el rostro y exclamó:

– ¡Pero usted no es Morris Cerrullo!

El pastor tenía gran hambre de que las señales y los prodigios fueran restaurados en su iglesia, y pensaba que había conseguido a Morris Cerrullo para una serie de reuniones durante una semana. Atónito, este hombre le preguntó al joven predicador invitado si tenía un ministerio de señales y prodigios, a lo que este respondió que no. El pastor, entonces, mirando su reloj, le dijo:

– Tenemos cuatro horas para que lo reciba y lo llevó al hotel.

Desesperado, el joven evangelista clamó a Dios, y Dios honró su clamor. Esa noche fue el comienzo del ministerio de señales y prodigios que ha caracterizado su vida hasta hoy. Dios preparó estas circunstancias para que tanto Daniel como este joven evangelista buscaran sobre todo los dones espirituales.

El hecho de infiltrarnos en el sistema generalmente implica que estemos dispuestos a llevar los dones espirituales a nuestro mundo. Estos dones funcionan mejor en el mundo que en el contexto de las reuniones de iglesia. Cuando practicamos los dones solo en la iglesia, pierden su agudeza. Cuando invadimos el sistema mundano con su dominio, nos mantenemos "afilados", y la gente se salva.

SALVACIÓN POR A:

El resto de los sabios –magos, astrólogos, e
a Daniel. La presencia del Reino salva las v
han ganado por obediencia personal. Tal e
protege a quienes están a su alrededor.

No hay ascenso sin dificultades. Justo cua
colocados en un puesto de influencia, sucede ....ociona
por completo. Nabucodonosor se hizo una imagen de oro de unos 30 m
de alto. Todos, en su reino, debían adorar esta imagen. Pero los hebreos
no estaban dispuestos a hacerlo. Hay una distinción entre sumisión y
obediencia. Algunas veces, debemos ir contra las órdenes de nuestros
líderes; pero aun entonces, debemos hacerlo con corazón sumiso.

SISTEMA INVADIDO

En el capítulo 4 encontramos una nueva lección acerca de la función de
Daniel como levadura. Daniel recibió la interpretación de otro sueño;
esta vez, el sueño trataba sobre el juicio de Dios contra Nabucodonosor.
Recordemos que él es el líder de este reino movido por demonios, un
rey que exige idolatría. Un hombre que no fuese tan íntegro como
Daniel se hubiera gozado en el juicio de Dios. Pero Daniel no. Su
reacción ante su amo fue: *"¡Ojala que el sueño y su significado tengan que
ver con los acérrimos enemigos de Su Majestad!"*.[9]

¡Qué lealtad! Su devoción no dependía del carácter del rey. Estaba
basada en el carácter de Aquel que le había asignado ese puesto de
servicio. Muchas personas, si Dios hubiera juzgado de la misma forma
a su jefe, habrían aprovechado para decirle: – ¡Yo te avisé!

El mundo ya ha visto nuestra actitud de santurronería, y no lo impresiona demasiado. Las reacciones como la de Daniel sí llaman la
atención, porque muestran al Reino en su pureza y su poder: son revolucionarias.

Los últimos versículos del capítulo 4 registran la que quizá sea la conversión más espectacular de todos los tiempos: la de Nabucodonosor.

...ante más oscuro que haya existido. Pero sus últimas ...tradas son: *"Por eso yo, Nabucodonosor, alabo, exalto y glo- ...ey del cielo, porque siempre procede con rectitud y justicia, y es ...iz de humillar a los soberbios"*.[10] Nabucodonosor se salvó del infier- no gracias al poder "leudante" del reino de Dios que invadió el sistema, estableció la justicia, demostró poder... y así hubo salvación.

Para que el avivamiento mundial alcance su potencial dominante en todo el planeta, debe ser sacado de las cuatro paredes de la iglesia y lan- zado a donde está la gente.[11] En silencio, con poder, con determinación, invada por medio del servicio; y cuando se encuentre con una persona que sufre una imposibilidad, hágale saber que el cielo es real y está a su alcance. Y *"que su paz descienda sobre ella"*.[12]

JOSÉ COMO LEVADURA

Dios había hablado a José sobre el propósito que tenía para su vida a través de sueños. Cuando José los comentó con su familia, se metió en problemas. Sus hermanos ya estaban celosos de él porque era el favorito de su padre. Después, lo capturaron y lo vendieron como esclavo.

Dios lo prosperaba dondequiera que iba porque él era un hombre de promesa. Por ser un gran siervo, obtuvo favor en la casa de Potifar. Cuando la esposa de este trató de seducirlo, él se negó. Entonces, ella mintió y lo hizo mandar a la cárcel, donde él volvió a prosperar. Aun- que las circunstancias habían ido de mal en peor, Dios estaba estable- ciendo las cualidades de la levadura en su hombre.

Mientras estaba en la cárcel, José conoció a un copero y a un pa- nadero que trabajaban para el rey. Cada uno de ellos había tenido un sueño, pero estaban tristes por no poder comprenderlo. Al enterarse, José les dijo: "¿Acaso la interpretación no es de Dios? Cuéntenme lo que soñaron, por favor". José, obviamente, no sentía amargura hacia Dios, y usó su don para interpretar los sueños. Para el copero, eran buenas noticias, pero para el panadero, anunció la ejecución.

Un tiempo después, el Faraón tuvo dos sueños que lo perturbaron mucho. El copero recordó el don de José, y este fue llevado ante el rey. Cuando le pidieron que interpretara el sueño del rey, José respondió: *"No está en mí"*. Ese corazón humilde es el que nos permite mantenernos útiles para Dios.

José interpretó los sueños y luego practicó el don de sabiduría, dando al rey un consejo sabio en cuanto a lo que debía hacer. El rey lo honró poniéndolo como segundo en el mando sobre todo el imperio egipcio.

José es una de las mejores figuras del perdón que hay en *La Biblia*. Sus hermanos llegan a él (sin saber quién es), a causa del hambre que hay en su tierra. Cuando él finalmente les revela su identidad, y el obvio cumplimiento de sus sueños, les dice: *"Pero ahora, por favor no se aflijan más ni se reprochen el haberme vendido, pues en realidad fue Dios quien me mandó delante de ustedes para salvar vidas"*.[13]

Observemos que José no había olvidado lo que le había sucedido. La idea de que debemos olvidar lo que alguien nos hizo, nos hace más mal que bien. Suprimirlo solo es esconder una herida de la vista, e incubar la herida hace que la infección empeore.

APRENDAMOS DE SU EJEMPLO

Para infiltrarse en el sistema se necesita tanto pureza como poder. La pureza se ve en el carácter de estos hombres que demostraron lealtad y perdón más allá de lo considerado razonable. El poder se manifestó por medio del uso de sus dones.

Para ser efectivos como levadura en el "sistema babilónico", debemos repensar nuestro concepto de estos asuntos. Los hijos de Dios deben desear de todo corazón que otros tengan éxito. Cualquiera puede desearle bien a alguien que se ajusta a sus creencias y disciplinas. Pero la capacidad de expresar lealtad y perdón a alguien antes que sea salvo bien puede ser la clave para tocar el corazón de esa persona.

La integridad personal es la columna vertebral de toda vida y todo ministerio, y nuestra credibilidad está fundada en ella. Podemos tener dones en abundancia, pero si no se puede confiar en nosotros, el mundo hará oídos sordos a nuestro mensaje. La integridad es santidad, y la santidad es la naturaleza de Dios. Entregarnos al Espíritu Santo es vital para ser íntegros.

LLEVÉMOSLO ADONDE ESTÁ LA GENTE

"Y dondequiera que iba, en pueblos, ciudades o caseríos, colocaban a los enfermos en las plazas. Le suplicaban que les permitiera tocar siquiera el borde de su manto, y quienes lo tocaban quedaban sanos".[14]

Cualquier evangelio que no funcione en medio de la gente común, no funciona. Jesús invadió todos los ámbitos de la sociedad. Él iba donde había gente reunida. Las personas eran su meta, y Él se convirtió en la meta de ellas.

Vemos a hombres de negocios que utilizan los dones del Espíritu para descubrir las necesidades de sus colaboradores y clientes. Un jovencito que integra un equipo de fútbol americano en su escuela secundaria le impuso las manos a un compañero que había debido abandonar el campo de juego después de una seria lesión en la pierna. El compañero fue sanado, y regresó al juego declarando que Dios lo había hecho.

Una jovencita que sufría de diabetes sufrió un shock insulínico. Su amiga cristiana oró por ella camino a la enfermería y, cuando la madre fue a buscarla y la llevó al médico, ¡descubrieron que ya no tenía diabetes!

Una niñita de diez años le pidió a su mamá que la llevara al centro comercial para ver personas enfermas por las que pudiera orar. Un grupo de estudiantes se ubicaron en una mesa en una cafetería, con un cartel que decía: "Oraciones gratis". La gente que se acercó no solo recibió oración, sino también una palabra profética que les hizo sentir más de cerca el amor de Dios.

Hay grupos de personas que llevan comida a los hoteles de la zona para alcanzar a los necesitados. El dueño de un hotel nos prestó una habitación durante una temporada para que pudiéramos tener un lugar para orar por los clientes enfermos.

Algunos invaden los bares de mala muerte para orar por las personas que lo necesitan. Los dones del Espíritu fluyen libremente en esos ambientes. En el ministerio de mi hermano, las abuelas van a los bares de San Francisco. Mientras él se queda a un lado, cuidando la seguridad, las señoras se sientan a una mesa con una gaseosa y oran. Una por una, van llegando personas a su mesa, pidiendo oración. Es común que se arrodillen y lloren cuando descubren cuánto las ama Dios.

Hay personas que van a los barrios más pobres a cortar el césped y arreglar los jardines, mientras otros limpian el interior de las casas. Algunos van casa por casa preguntando si pueden orar por algún enfermo. Los milagros son cosa común.

Unos jovencitos en patineta van a hablar a sus pares para llevarlos a un encuentro con el Dios de todo poder. Donde hay gente, nosotros vamos. Bajo los puentes, en los terrenos baldíos, buscamos a los sin techo.

Vamos a buscar a los más necesitados con un autobús para llevarlos a un banquete en la iglesia. Nuestras familias adoptan una mesa y la preparan con su vajilla, sus cubiertos y sus copas más valiosas. Los más quebrantados de la comunidad son llevados a la iglesia para ser tratados como tesoros del cielo. Se les da de comer, se los viste y se ministra a sus necesidades más básicas, tanto naturales como espirituales.

Pero Jesús no solo cuida de los más necesitados entre los pobres, sino también entre los ricos. Las personas adineradas son a veces las que más sufren en nuestras ciudades. Pero no debemos servirlas por su dinero. Ellas están acostumbradas a que la gente busque su amistad para obtener algo a cambio.

Los padres se ofrecen para entrenar los equipos en las Ligas Menores. Algunos dirigen programas extracurriculares en las escuelas públicas locales. Otros son voluntarios en los hospitales o se capacitan para actuar como capellanes de la policía o las escuelas. Las personas visitan a sus vecinos enfermos y ven cómo Dios hace lo que era imposible.

¿Adónde lo lleva a usted la vida? Vaya con la unción y vea cómo las imposibilidades se rinden ante el nombre de Jesús.

UN JURADO LLENO DEL ESPÍRITU SANTO

Buck era un hombre que estaba totalmente convencido de llevar los dones adonde está la gente. Cierta vez, fue elegido como jurado en un juicio. Tan pronto como ocupó su lugar, el Señor le habló: "Debe prevalecer la justicia". Cuando la fase de pruebas terminó, y el jurado comenzó a deliberar, se encontraron divididos en cuanto a la interpretación de la ley. Buck explicó los asuntos de forma tan excelente que los demás pensaron que había estudiado leyes. Él utilizó la oportunidad para compartir su testimonio. Había sido un excelente estudiante de Ciencias, pero su mente había quedado arruinada por la adicción a las drogas. Jesús sanó su mente cuando él comenzó a memorizar pasajes bíblicos. Su testimonio ganó los corazones de algunos integrantes del jurado, pero espantó a otros.

Cuando llegó el momento de dar su veredicto, los jurados estaban divididos en partes iguales en cuanto a su opinión. El motivo de la división era la definición de "criminal". El acusado cumplía seis de los siete requisitos para ser considerado culpable; el séptimo era cuestionable. Así que, al día siguiente, Buck llevó una rosa en un florero. Todos pensaron que era un lindo gesto. Él los dejó hablar durante un rato y luego dijo:

– ¿Qué es esto que está en el florero?.

Todos lo miraron como si fuera tonto, y contestaron:

– ¡Una rosa!

Él les preguntó si estaban seguros, y todos afirmaron que sí. Buck continuó: – ¿Cuáles son las partes que componen una rosa?

Ellos mencionaron los pétalos, el tallo, las hojas, las espinas, etc. Así que él les preguntó:

– ¿Ven todas esas partes en esta rosa?

– Sí, todo menos las espinas.

Entonces, preguntó: – ¿Sigue siendo una rosa aunque no tenga las espinas?

Todos exclamaron: – ¡Sí!

A lo que él contestó:

– ¡De la misma forma, este hombre es un criminal!

Los jurados captaron el mensaje. El don de sabiduría había estado operando sin que ellos lo supieran. Ahora, todos, excepto dos, estaban de acuerdo en que el hombre era culpable. Todavía no había una decisión unánime. Cuando el juez preguntó a cada jurado si creía que podían llegar a un acuerdo, todos dijeron que no... excepto Buck. En su corazón resonaban las palabras: "Debe prevalecer la justicia". Entonces, el juez les dio treinta minutos para resolver su desacuerdo. Apenas entraron en el salón para deliberar, Buck recibió palabra del Señor. Entonces, señaló a uno de los jurados que estaba en desacuerdo y le dijo:

– Usted dice que este hombre es inocente porque... –y mencionó un pecado secreto en la vida de esa persona. Luego se volvió hacia el otro e hizo lo mismo. Ambos se miraron entre sí y dijeron:

– ¡Cambiaré mi voto si tú cambias el tuyo!

Buck, primero, llevó el don de sabiduría a la deliberación, y así ayudó a clarificar el asunto, con lo cual se beneficiaron aun los incrédulos. Después, llevó una palabra de ciencia –algo que no podía haber sabido naturalmente– para exponer el pecado de dos personas que habían rechazado la obra de Dios. Finalmente, la voluntad de Dios prevaleció en la situación: se hizo justicia.

Estar involucrado en lo sobrenatural por medio de los dones espirituales es lo que hace que la invasión sea eficaz. El reino de Dios es un reino de poder. Debemos buscar una demostración más plena del Espíritu de Dios. Ore mucho, y arriésguese.

El ejemplo supremo de esta invasión es Jesús. En Él, lo sobrenatural invadió lo natural.

La visión, definida por los sueños de Dios, nos equipa con un valor inextinguible. Este es el tema del próximo –y último– capítulo.

1. Lucas 13:20-21.
2. Por favor, comprendamos que hay una gran diferencia entre despreciar una doctrina y rechazar a un hermano en Cristo. El fariseísmo comienza cuando pensamos que está bien rechazar a las personas para proteger las ideas.
3. Isaías 60:2.
4. Vea Apocalipsis 12:11.
5. Romanos 5:20.
6. Daniel 1:4.
7. Vea Daniel 1:20.
8. Daniel 2:30.
9. Daniel 4:19.
10. Daniel 4:37.
11. Vea Marcos 6:56.
12. Mateo 10:13.
13. Génesis 45:5.
14. Marcos 6:56.

Capítulo 17

EL AVIVAMIENTO ACTUAL

> Lo que Dios ha planeado para la Iglesia en esta
> hora es más grande que cualquier cosa que podamos
> imaginar o pedir en oración. Debemos tener la ayuda
> del Espíritu Santo para aprender sobre estos misterios
> de la Iglesia y el reino de Dios. Sin Él, no sabemos
> siquiera cómo orar.

C omprender lo que va a venir es importante, pero no para
prepararnos para planificar y elaborar mejores estrategias.
Todo lo contrario; es importante para comprender la
promesa y el propósito de Dios para la Iglesia, de modo que podamos
sentirnos insatisfechos... y así llegar a estar desesperados. La intercesión
provocada por un hambre insaciable conmueve el corazón de Dios más
que cualquier otra cosa.

El avivamiento no es para los de corazón débil; causa miedo a los
complacientes por los riesgos que se deben asumir. Los temerosos
suelen trabajar en contra del mover de Dios –algunas veces, hasta la
muerte– pensando que están trabajando para Él. El engaño dice que los

cambios producidos por el avivamiento contradicen la fe de sus padres. Por consiguiente, la capacidad de crear –dada por Dios– se marchita en medio de la laboriosa tarea de conservar. Los temerosos se convierten en curadores de museos, en lugar de edificadores del Reino.

Otros están dispuestos a arriesgar todo. Consideran a la fe de sus padres como un digno fundamento sobre el cual edificar. Han vislumbrado lo que podría ser, y no se conformarán con nada menos. El cambio no es para ellos una amenaza, sino una aventura. La revelación crece, las ideas se multiplican y comienza la expansión.

"En verdad, nada hace el SEÑOR omnipotente sin antes revelar sus designios a sus siervos los profetas".[1] Las actividades de Dios en la Tierra comienzan con una revelación para los seres humanos. El profeta escucha y declara. Los que tienen oídos para oír, responden y reciben lo necesario para el cambio.

Para comprender quiénes somos y qué debemos llegar a ser, debemos ver a Jesús como Él es. Veremos la diferencia entre el Jesús que caminó por las calles sanando enfermos y resucitando muertos y el Jesús que hoy reina sobre todo. Por gloriosa que fuese su vida en la Tierra, ese fue el lado de "antes" de la cruz. El cristianismo es la vida de este lado de la cruz, después de la resurrección.

Tal cambio de enfoque se producirá en estos últimos días. Debe producirse para que lleguemos a ser lo que Él se ha propuesto para nosotros.

La religión (que es forma sin poder) será cada vez más despreciada en los corazones de los que verdaderamente pertenecen a Él. La revelación crea el anhelo de Dios. Él no viene en un modelo "sin accesorios". No hay "clase económica" en el Espíritu Santo. Él siempre viene totalmente equipado. Está cargado, lleno de poder y gloria. Y quiere ser visto tal como es, en nosotros.

UN CONCEPTO MÁS GRANDE

El poder de una palabra de su boca puede crear una galaxia. Sus promesas para la Iglesia exceden toda comprensión. Demasiados son los que creen que sus promesas son solo para el Milenio o para el cielo; ellos afirman que hacer énfasis en el plan de Dios para ahora, en lugar de para la eternidad, es desmerecer el hecho de que Jesús fue a preparar un lugar para nosotros. La tendencia a considerar débil a la Iglesia cegó nuestros ojos a las verdades que *La Palabra de Dios* dice sobre nosotros. Este problema surge de nuestra incredulidad, no de nuestro anhelo del cielo. Jesús nos enseñó a vivir anunciando: *"El reino de Dios se ha acercado"*. Es una realidad presente que afecta nuestro *ahora*.

No entendemos bien quiénes somos porque tenemos escasa revelación de quién es Él. Sabemos mucho sobre su vida en la Tierra. Los evangelios están llenos de información sobre cómo era Jesús, cómo vivía y qué hacía. Pero ese no es el ejemplo de aquello que debe llegar a ser la Iglesia. Lo que Él es hoy, glorificado, sentado a la diestra del Padre: ¡ese es el modelo de aquello en lo que nos convertiremos!

Reflexionemos sobre la frase con la que comienza este capítulo: "Lo que Dios ha planeado para la Iglesia en esta hora es más grande que cualquier cosa que podamos imaginar o pedir en oración". Tales frases hacen que algunos teman que la Iglesia pierda el equilibrio. Muchos dicen que tenemos que tener cuidado de no poner demasiado énfasis en lo que debemos llegar a ser ahora. ¿Por qué? En su mayor parte, la causa de tal cautela es el temor a la decepción. Ese temor ha justificado nuestra incredulidad. ¿Qué es lo peor que podría pasar si yo busco algo que está reservado para la eternidad? Dios podría decirme: ¡*No!* Cometemos un enorme error si pensamos que podemos descubrir qué nos ha reservado para el cielo, estando de este lado del cielo.

Debido a que temen a los excesos, muchos adoptan la mediocridad como "equilibrio". Tal temor convierte a la complacencia en una virtud. Y es el temor al exceso el que ha hecho que quienes se resisten al cambio parezcan tan nobles. El exceso nunca causó el fin de un avivamiento. William DeArteaga escribe: "El Gran Avivamiento no se apagó por sus extremistas. Se apagó por la condena de sus oponentes".[2] También afirma: "Hay divisiones cuando el intelecto es entronizado como la medida de la espiritualidad, no cuando se ejercen los dones espirituales, como muchos sostienen".[3] Yo no presto atención a las advertencias de posibles excesos de quienes se quedan satisfechos con la falta.

Esta generación es una generación de gente que corre riesgos. Y no todos los riesgos que corran serán considerados como fe verdadera. Algunos parecerán tonterías y presunciones. Pero debemos correr esos riesgos, de todos modos. ¿Cómo podremos aprender, si no? Haga lugar a los que corren riesgos en su vida, aunque no hagan todo extraordinariamente bien. Ellos lo inspirarán para que vea la grandeza que hay en servir a un gran Dios.

Los pescadores de la zona dicen: "Si no se te engancha el aparejo en el fondo del río alguna vez, es que no estás pescando suficientemente profundo". No es mi deseo honrar la presunción o el error, pero sí aplaudo la pasión y el esfuerzo. Nuestra obsesión por la perfección es la causa de algunas de nuestras más grandes fallas. Cuando yo les enseñé a mis hijos a andar en bicicleta, los llevé a un parque, donde había mucho césped. ¿Por qué? Porque quería que no se lastimaran cuando se cayeran. No había dudas de que iban a caer alguna vez. La adicción a la perfección ha creado un espíritu religioso. Las personas que se rehúsan a dar un paso adelante para ser usadas por Dios critican a quienes lo hacen. Los que asumen riesgos –y con ello entusiasman a Dios– se convierten en blanco de aquellos que nunca fallan… porque rara vez intentan algo.

LA IGLESIA GLORIOSA QUE VIENE

Lo que sigue es una lista parcial de cosas que *La Biblia* menciona acerca de la Iglesia y que aún no se han cumplido. Jesús quiere que seamos maduros antes que Él regrese. Cada uno de estos pasajes nos brinda una vislumbre profética de lo que Dios tiene en su corazón para nosotros en estos momentos.

SABIDURÍA DE DIOS. *"…que la sabiduría de Dios, en toda su diversidad, se dé a conocer ahora, por medio de la iglesia, a los poderes y autoridades en las regiones celestiales, conforme a su eterno propósito…"*[4]

¡Debemos dar a conocer la sabiduría de Dios AHORA! Es obvio que Dios desea enseñar al mundo espiritual sobre su sabiduría por medio de aquellos a los que creó a su imagen: nosotros.

Salomón fue el hombre más sabio que jamás haya vivido, con excepción de Jesús, quien es la sabiduría personificada.[5] La reina de Sabá fue a conocer la sabiduría de Salomón. *"La reina de Sabá se quedó atónita ante la sabiduría de Salomón y al ver el palacio que él había construido, los manjares de su mesa, los asientos que ocupaban sus funcionarios, el servicio y la ropa de sus criados y coperos, y los holocaustos que ofrecía en el templo del SEÑOR".*[6] La reina reconoció que la sabiduría del rey era mucho mayor que la que ella jamás hubiera imaginado. La profundidad de su sabiduría se identificaba con estos tres atributos: excelencia, creatividad e integridad. Cuando la reina vio esto en acción, ¡quedó boquiabierta!

La sabiduría de Dios volverá a verse en su pueblo. La Iglesia, que actualmente es despreciada –o, en el mejor de los casos, ignorada– será nuevamente reverenciada y admirada. La Iglesia será nuevamente alabanza en la Tierra.[7]

Examinemos los tres elementos que caracterizaban la sabiduría de Salomón:

La excelencia: Es la pauta elevada para lo que hacemos, a causa de quienes somos. Dios es extravagante, pero no derrocha. Un corazón excelente para Dios puede parecer derrochador a los de afuera. Por ejemplo: en Mateo 26:8, encontramos a María derramando un ungüento sobre Jesús que costaba el sueldo de un año. Los discípulos pensaron que habría sido mejor utilizado si se lo hubiera vendido para dar el dinero resultante a los pobres. En 2 Samuel 6:14-16, 23, el rey David se humilló ante el pueblo quitándose sus vestiduras reales y danzando entusiastamente ante Dios. Su esposa, Mical, lo despreció por ello; como consecuencia, no tuvo hijos hasta el día de su muerte, ya fuera por esterilidad o por falta de intimidad entre ella y su esposo David. Fue una pérdida trágica causada por la soberbia. En ambas situaciones, los de afuera consideraron que las extravagantes acciones de estos adoradores eran un derroche. Dios es bueno. La excelencia se logra cuando vemos las cosas según su perspectiva.

Cuando buscamos esta virtud, hacemos todo para la gloria de Dios con todas nuestras fuerzas. Un corazón que anhela la excelencia no tiene lugar para el espíritu de pobreza que afecta a tantas de las cosas que hacemos.

La creatividad: No solo se ve la creatividad en la plena restauración de las artes; ella es también la naturaleza del pueblo de Dios que lo lleva a encontrar nuevas y mejores formas de hacer las cosas. Es una vergüenza que la Iglesia caiga en la rutina de lo predecible y llame a eso tradición. Debemos revelar quién es nuestro Padre por medio de la expresión creativa.

La Iglesia suele ser culpable de evitar la creatividad porque requiere cambio. Resistirse al cambio es resistirse a la naturaleza de Dios. Están soplando vientos de cambio, por lo que será fácil distinguir entre los que están satisfechos y los que anhelan algo más. El cambio saca a la luz los secretos del corazón.

Esta unción también producirá nuevos inventos, innovaciones en la medicina y las ciencias e ideas nuevas para los negocios y la educación. Nuevos sonidos musicales vendrán de la Iglesia, así como otras formas de arte. La lista es interminable. El cielo es el límite. ¡Levántese y cree!

La integridad es la expresión del carácter de Dios visto en nosotros. Y ese carácter es su santidad. La santidad es la esencia de su naturaleza. No es algo que Él haga o no haga. Es quién es Él. Lo mismo sucede con nosotros. Somos santos porque la naturaleza de Dios está en nosotros. Comienza con un corazón apartado para Dios, y se hace evidente en la naturaleza de Cristo que se ve en nosotros.

Si logramos impedir que las sucias manos de la religión arruinen la bella expresión de la santidad de Dios, las personas se sentirán atraídas por la Iglesia como se sentían atraídas por Jesús. La religión no solo es aburrida; también es cruel. Les quita el aliento a todas las cosas buenas. La verdadera santidad es refrescantemente buena.

La reina de Sabá quedó sin palabras ante la sabiduría de Salomón. Es hora de que la sabiduría de la Iglesia haga que el mundo vuelva a quedar boquiabierto.

IGLESIA GLORIOSA. *"...a fin de presentársela a sí mismo, una iglesia gloriosa,..."*[8]

La intención original de Dios se ve en este pasaje: *"Pues todos han pecado y están privados de la gloria de Dios"*.[9] Debíamos vivir en la gloria de Dios; esa fue la meta de Dios al crear la humanidad. Nuestro pecado hizo que la flecha de ese propósito no alcanzara su destino.

La gloria de Dios es la presencia manifiesta de Jesús. Imagine esto: un pueblo que continuamente tiene conciencia de la presencia de Dios..., no en teoría, sino de la presencia real de Dios sobre ellos!

¡Seremos una Iglesia en la que Jesús será visto en su gloria! La presencia del Espíritu Santo y su unción dominarán la vida del cristiano. La iglesia será radiante. *"El esplendor de esta segunda casa será mayor que el de la primera"*.[10]

ESPOSA SIN MANCHA NI ARRUGA. *"Una iglesia radiante, sin mancha ni arruga ni ninguna otra imperfección, sino santa e intachable"*.[11]

Imagine a una bella joven preparada para su boda. Se ha cuidado alimentándose bien y ejercitándose adecuadamente. Su mente está clara, y se siente segura y libre emocionalmente. Al mirarla, jamás pensaríamos que ha hecho algo malo. La culpa y la vergüenza no opacan su rostro. Ella comprende y exuda gracia. Según Apocalipsis 19:7, ella se ha preparado. El romance logra esto en nosotros. Como dice Larry Randolph: "Es una perversión esperar que el novio vista a la novia para la boda". La Iglesia es la que debe prepararse. Las herramientas están listas para hacerlo; ahora, lo único que la Iglesia debe hacer, es usarlas.

La imagen que he presentado es la imagen bíblica de la Esposa de Cristo. Cuando vemos cuán grande es Dios, no dudamos de su capacidad de lograrlo. Pablo declaró a la iglesia de Corinto que no deseaba volver a verlos hasta que hubieran obedecido por completo. Eso es lo que Dios tiene en su corazón para la Iglesia. Por eso, Jesús, el Perfecto, regresará a buscar a *"la que no tiene mancha"* cuando vea que nuestra obediencia es completa.

UNIDAD DE LA FE. *"… todos llegaremos a la unidad de la fe…"*[12]

Esto que se llama *"la unidad de la fe"* es *"la fe que actúa mediante el amor"* (Gálatas 5:6). El amor y la fe son dos aspectos esenciales de la vida cristiana.

La fe viene de la palabra de Dios, específicamente, de una palabra recién pronunciada. La fe es lo que agrada a Dios. Es confianza activa en Él como Abba Padre. Solo Dios es el origen de esa fe, que brota cuando Él habla a su gente. La unidad de la fe significa que escucharemos su voz juntos y haremos grandes proezas. Es un estilo de vida, no solo un concepto como tener "unidad de ideas respecto de la fe". Las proezas del actual avivamiento y del que vendrá sobrepasarán todos los logros de la Iglesia en toda la historia. Más de mil millones de almas serán salvadas. Los estadios estarán llenos de gente 24 horas al día, durante días y días, y los milagros serán incontables: sanidades, conversiones, resurrecciones, liberaciones. No habrá ningún predicador extraordinario ni hacedor de milagros; solo la Iglesia demostrando en la práctica lo que Dios la ha llamado a ser. Y todo esto será resultado de la unidad de la fe.

CONOCIMIENTO DEL HIJO POR REVELACIÓN. *"… todos llegaremos a la unidad de la fe y del conocimiento del Hijo de Dios…".*[13]

Una vez, el apóstol Juan recostó su cabeza sobre el pecho de Jesús. Lo llamaban el discípulo amado. Hacia el fin de su vida, en la isla de Patmos, Juan volvió a ver a Jesús. Esta vez, Jesús no se parecía en nada a aquel con quien él había compartido esa última cena. Su cabello era blanco como la nieve, sus ojos, llama de fuego y sus pies, como bronce bruñido. Dios creyó que esta revelación bien valía un libro. Ese libro se llamó *El Apocalipsis* [la revelación] *de Jesucristo*. Toda la Iglesia recibirá una nueva revelación de Jesucristo, especialmente a través de ese libro.

Se entenderá aquello que ha sido tan misterioso. Y esa revelación lanzará a la Iglesia a una transformación como ninguna otra que haya vivido jamás. ¿Por qué? ¡Porque al verlo como Él es, seremos como Él!

Si la revelación de Jesucristo es el tema principal del Apocalipsis, entonces, tendremos que admitir también que la adoración es la reacción principal que este refleja. La mayor revelación de Jesús podrá medirse en nuevas dimensiones de adoración, experiencias de adoración colectiva frente a su trono.

HOMBRE MADURO. *"...hasta que todos lleguemos a la unidad de la fe y del conocimiento pleno del Hijo de Dios, a la condición de un hombre maduro..."*[14]

Un atleta olímpico nunca llegará a los Juegos solo por su habilidad, sino por la poderosa combinación de su don llevado a la plenitud de su potencial por medio de la disciplina. Esa es la imagen de la Iglesia que llega a ser una "humanidad perfecta". Se expresa en singular, porque todos funcionaremos como uno. Todos sus miembros trabajarán en perfecta coordinación y armonía, complementando sus dones y funciones, según las directivas dadas por la cabeza. Esta no fue una promesa que se cumpliría en la eternidad. Aunque no creo que hable de perfección en términos humanos, sí creo que hay una madurez de función, sin envidias, que irá desarrollándose a medida que la presencia de Dios se hace más manifiesta. Debemos aceptar esto como posible, porque Dios dijo que lo es.

LLENOS DE LA PLENITUD DE DIOS. *"... que conozcan ese amor que sobrepasa nuestro conocimiento, para que sean llenos de la plenitud de Dios".*[15]

Imagine una casa con muchas habitaciones. Esa casa representa nuestra vida. Cada habitación en la que permitimos que entre el amor de Dios, se llena de su plenitud. Esa es la imagen que pinta este versículo. La Iglesia conocerá el amor de Dios por experiencia. Es algo que superará nuestra capacidad de comprensión. Esa íntima relación de amor con Dios nos ayudará a recibir todo lo que Él ha deseado darnos desde el comienzo de los tiempos.

"...hasta que todos lleguemos a la unidad de la fe y del conocimiento pleno del Hijo de Dios, a la condición de un hombre maduro..."[16]

El amor de Dios conocido por experiencia y la correspondiente plenitud del Espíritu Santo es lo que se necesita para llevarnos a la plena estatura de Cristo: Jesús será visto cabalmente en la Iglesia, así como el Padre podía verse cabalmente en Jesús.

LOS DONES DEL ESPÍRITU SANTO EXPRESADOS EN PLENITUD.

"Sucederá que en los últimos días —dice Dios—,
*derramaré mi Espíritu sobre **todo el género humano**.*
***Los hijos y las hijas** de ustedes profetizarán,*
*tendrán visiones los **jóvenes***
*y sueños los **ancianos**.*
En esos días derramaré mi Espíritu
*aun sobre **mis siervos y mis siervas**,*
y profetizarán".[17]

Este pasaje citado de Joel 2 nunca se ha cumplido por completo. Tuvo un cumplimiento inicial en Hechos 2, pero su alcance iba mucho más allá de lo que aquella generación podía cumplir. Primero, *"todo el género humano"* nunca fue tocado por aquel avivamiento. Pero eso sucederá. En el próximo mover de Dios, serán rotas todas las barreras raciales, económicas, sexuales y de edad. El derramamiento del Espíritu Santo en la última generación alcanzará a todas las naciones de la Tierra, liberando los dones del Espíritu en plenitud sobre su pueblo y a través de él.

1 Corintios 12 al 14 es una maravillosa enseñanza sobre la operación de los dones del Espíritu Santo…, pero hay mucho más. Es una revelación de un cuerpo de creyentes que viven en el ámbito del Espíritu que es esencial para el ministerio en los últimos días. Estas manifestaciones del Espíritu Santo serán llevadas a las calles, al lugar que les corresponde. Es allí donde alcanzan su pleno potencial.

Esta generación cumplirá el clamor de Moisés, de que todos en el pueblo de Dios fueran profetas. Llevaremos la unción de Elías al prepararnos para la venida del Señor de la misma manera que Juan el Bautista llevaba la unción de Elías y preparó al pueblo para la llegada del Señor.

MAYORES OBRAS. "… *el que cree en mí las obras que yo hago también él las hará, y aun las hará mayores, porque yo vuelvo al Padre*".[18]

La profecía de Jesús en el sentido de que haremos obras más grandes que las que Él hizo, estimuló a la Iglesia a buscar algún significado abstracto para esta afirmación que es, en verdad, muy simple. Muchos teólogos tratan de honrar las obras de Jesús declarándolas inalcanzables, lo cual es religión, motivada por la incredulidad. El hecho de que, por tratar de honrar la obra de Jesús en la Tierra, no tengamos en cuenta lo que Él prometió, no impresiona demasiado a Dios. La afirmación de Jesús no es difícil de entender: "*mayores*" significa mayores. Y las obras a las que Él hace referencia son señales y prodigios. No será una deshonra para Él tener una generación que lo obedece y va más allá de la marca que Él dejó. Él nos demostró lo que puede hacer una persona que tiene el Espíritu Santo sin medida. ¿Qué podrían hacer millones de personas así? Eso era lo que Él quería decir, y se convirtió en su profecía.

Este versículo suele explicarse diciendo que Jesús se refería a la cantidad de obras, no a la calidad de ellas. Es obvio que millones de personas podrían sobrepasar la cantidad de obras que hizo Jesús, simplemente porque son… ¡muchas personas! Pero eso es restarle fuerza a la afirmación de Jesús. La palabra "*mayores*" es *mizon* en griego. Se la encuentra 45 veces en el Nuevo Testamento, y siempre se usa para hacer referencia a calidad, no a cantidad.

VENGA TU REINO. "*Venga tu reino, hágase tu voluntad en la tierra como en el cielo*".[19]

Dios no es un Padre que nos ordene pedir algo a lo que no tiene toda la intención de responder. Él nos indica que hagamos esta oración porque tiene en su corazón el propósito de cumplirla. Las oraciones más seguras que existen, son aquellas que Él nos indica que oremos. Su respuesta será *"muchísimo más que todo lo que podamos imaginarnos o pedir, por el poder que obra eficazmente en nosotros"*.[20]

Jesús dijo que Él iba a regresar después que se predicara el evangelio del Reino en todo el mundo, y que entonces, llegaría el fin.[21] El concepto actual de *predicar el evangelio del reino* es predicar un mensaje que lleve a la mayor cantidad posible de personas a la conversión. ¿Pero qué significaba predicar el evangelio del reino para Jesús? En cada caso en que Él lo hizo, o lo ordenó, se produjeron milagros. El mensaje debía ser una declaración de su señorío y dominio sobre todas las cosas, seguida por demostraciones de poder que ilustraran que su mundo invade el nuestro por medio de señales y prodigios. Examinemos lo que esta promesa significa: habrá una generación de creyentes que predicarán como Él, haciendo lo que Él hizo, en todas las naciones del mundo, antes que llegue el fin. ¡Vaya promesa!

La realidad actual del Reino se manifestará y se concretará en la vida diaria del creyente. Ese mundo irrumpirá en este toda vez que el cristiano ore con fe. El señorío de Jesús se verá, y se experimentará la abundancia de su gobierno. Aunque la expresión total de su Reino quizá esté reservada para la eternidad, nunca hemos imaginado lo que Dios quisiera hacer antes de ese momento. Es hora de explorar esa posibilidad.

La iglesia explosiva

¿No sería maravilloso tener iglesias tan explosivas en lo sobrenatural que tuviéramos que buscar la forma de calmarlas? Eso es lo que Pablo tuvo que hacer con la iglesia de Corinto. ¡Las instrucciones sobre los dones del Espíritu fueron dadas a personas que tenían tanto, que necesitaban organizarlo! *"Todo debe hacerse de una manera apropiada y con orden"*.[22] No se puede organizar lo que no se tiene. Primero hay que hacer *"todo"*, y luego se podrá agregar una estructura para hacerlo más eficaz. El orden es un pobre sustituto del poder. Pero si tenemos mucho poder, necesitaremos un buen orden. Solo en ese caso, el orden podrá agregar una nueva dimensión al rol del poder en la iglesia.

AMEMOS A LAS PERSONAS, NO SUS IDEAS

Cierta vez, conversando del actual mover de Dios con un cesacionista,[23] él me dijo que yo estaba engañado al buscar un evangelio de poder. Me informó que todos los milagros habían cesado con la muerte del último de los doce apóstoles. Además, dijo que los milagros de sanidad, los testimonios de familias restauradas, el nuevo celo por *La Biblia* y la pasión por dar testimonio del amor de Dios a otros eran, probablemente, obra del demonio. Yo le dije que su diablo era demasiado grande y su Dios, demasiado pequeño. La Iglesia ha creado doctrinas para justificar su debilidad y no sentirse mal por su estado actual. Algunos quieren hacer parecer esas deficiencias como puntos fuertes. ¡Son doctrinas de demonios! Aunque amo y honro a las personas que creen cosas como esas, no siento necesidad de honrar las tonterías que creen.

Somos los más dignos de conmiseración de todos los hombres si creemos que hemos llegado a todo lo que Dios deseaba para su Iglesia aquí en la Tierra. Toda la historia de la Iglesia está edificada sobre una revelación parcial. Todo lo que ha sucedido en la Iglesia en los últimos 1900 años es poco comparado con lo que la primitiva Iglesia tenía... y perdió. Cada mover de Dios ha sido seguido por otro, solo para restaurar lo que se había dejado y olvidado. Y aún no hemos llegado a la misma medida que ellos alcanzaron; ¡ni hablar de superarla! Pero ni siquiera la Iglesia Primitiva cumplió todo lo que Dios deseaba para su pueblo. Ese privilegio está reservado para los que estamos en el último tramo de la carrera. Es nuestro destino.

Por maravillosas que sean nuestras raíces espirituales, no son suficientes. Lo que era bueno para ayer no alcanza para hoy. Insistir en quedarnos con aquello por lo que lucharon nuestros padres es un insulto para ellos. Ellos arriesgaron todo para buscar algo nuevo en Dios.

No es que todo deba cambiar para que fluyamos con lo que Dios dice y hace. Es solo que tenemos demasiadas suposiciones sobre la corrección de lo que existe actualmente. Esas suposiciones nos ciegan a la revelación que aún contiene *La Biblia*. En realidad, lo que nosotros consideramos "la vida cristiana normal" no puede soportar el peso de lo que Dios va a hacer. Debemos cambiar nuestros odres. Muy poco de lo que conocemos como vida de Iglesia va a permanecer inconmovible en los próximos diez años.

ALCANZAR EL MÁXIMO

Nunca hemos siquiera imaginado lo que Dios tiene preparado para nosotros mientras estamos en esta Tierra. Él tiene intenciones de grandes cosas. En lugar de permitir que nuestra imaginación y nuestra experiencia nos limiten, persigamos con un hambre renovado cosas que aún no han sido vistas. Cuando busquemos a nuestro extravagante Dios con entrega absoluta, descubriremos que nuestro mayor problema es la resistencia que viene de nuestro propio cerebro. Pero la fe es superior. Y es hora de que hagamos que Él deje de preocuparse por si encontrará o no fe en la Tierra.

¡El Reino está en el ahora! Ore por él, búsquelo primero y recíbalo como un niño. ¡Está a su alcance!

UNA LECCIÓN FINAL DE UN NIÑO

En una reunión realizada hace poco tiempo en la costa del norte de California, tuvimos una notable cantidad de milagros, especialmente para lo que es Norteamérica. Cegueras, sorderas, artritis y muchas otras aflicciones fueron sanadas por la gracia salvadora de Dios. En esta reunión de unas 200 personas, hubo unas 40 ó 50 sanadas. Jesús demostró nuevamente su dominio sobre todas las cosas.

Un notable milagro le sucedió a un niñito de tres años llamado Chris, que tenía los pies deformes. Tenía llagas en los empeines donde se rozaban con la alfombra cuando él intentaba caminar. Cuando enviamos a los hermanos para que salieran a orar por los enfermos,[24] varios integrantes de nuestro equipo se reunieron alrededor de este niño. Inmediatamente, Dios comenzó a tocarlo. Cuando terminaron de orar, lo apoyaron en el piso. ¡Por primera vez en su vida, los pies de este niño se apoyaron enteramente sobre el suelo! Chris se miraba los pies, azorado, y se inclinaba a tocar las llagas. Uno de sus amiguitos le dijo: – ¡Corre!

Repentinamente, Chris salió corriendo en círculos, gritando:

– ¡Puedo correr!

Naturalmente, esa noche hubo gran regocijo en el templo.

Regresamos a casa y vimos el video de ese culto una y otra vez. Estábamos tan entusiasmados con el milagro que nos llevó un rato darnos cuenta de que Chris estaba tratando de decirnos algo. Mi esposa, que estaba filmando, le había preguntado:

– ¿Qué te sucedió?

Mirando a la cámara, el niñito contestó:

– ¡Jesús grande! ¡Jesús grande!

Entusiasmados como estábamos, sin darnos cuenta, cambiamos de tema y le preguntamos por sus pies.[25] Quienes habían visto el milagro nos dieron los detalles. Pero, al ver el video, escuchamos su testimonio: "¡Jesús grande! ¡Jesús grande!". Lo único que se nos ocurre es que Chris tuvo un encuentro con Jesús, que lo sanó.

CONCLUSIÓN

Esta historia, como las demás que contiene este libro, refleja la bondad de Dios. Es el testimonio de Jesús. El libro del Apocalipsis revela este principio: *"El testimonio de Jesús es el espíritu que inspira la profecía"*.[26] Un testimonio profetiza lo que puede ocurrir otra vez; declara que es posible otro milagro. Muestra a todos los que quieran escucharlo la naturaleza de Dios y su pacto con la humanidad. Lo único que Él busca es alguien que sume su fe al testimonio que fue dado. Dios no hace acepción de personas; por eso, hará por usted lo que ha hecho por otro. Dado que es el mismo hoy que ayer, está dispuesto a hacer hoy lo que hizo hace mucho tiempo.

Dos semanas después del milagro de Chris, mostré el video en nuestra iglesia, y todos se entusiasmaron mucho. Al día siguiente, dos de nuestros jóvenes fueron al centro comercial y vieron a una mujer anciana con un bastón. Cuando le pidieron permiso para orar por ella, dijo que no le interesaba, hasta que le contaron la historia de Chris. El testimonio del pequeño profetizó la bondad de Dios para esta mujer, y ella comenzó a desear esa oración. Cuando le impusieron las manos, el tumor que había en su rodilla desapareció. Por medio de una palabra de ciencia, los jóvenes le informaron que Dios también había sanado su espalda. Cuando se tocó la espalda, la mujer descubrió que el tumor que tenía allí –y del cual no había dicho nada a los jóvenes– ¡también había desaparecido!

Otro domingo, enseñé sobre el poder del testimonio, y utilicé la historia de Chris como ilustración. Había una familia de Montana que nos visitaba y que tenía una necesidad similar; los pies de su pequeña hija estaban volteados hacia adentro unos 45°, lo cual le impedía correr, ya que siempre tropezaba. Cuando su madre escuchó el testimonio de que Jesús había sanado los pies deformes del niño, se dijo: "¡Tomo eso para mi hija!".[27] Después del culto, cuando fue a buscar a la niña a la guardería, descubrió que sus piecitos estaban perfectamente derechos. El testimonio profetizó; la madre creyó, y la hija fue sanada.

¡La invasión de Dios continúa, y continuará sin fin!

"Se extenderán su soberanía y su paz,
y no tendrán fin".[28]

"El reino del mundo ha pasado a ser de nuestro Señor y de su Cristo,
y él reinará por los siglos de los siglos".[29]

--- NOTAS ---

1. Amós 3:7.
2. William DeArteaga, *Quenching the Spirit* [Apagar el Espíritu], Creation House, pág. 55.

3. William DeArteaga, *Quenching the Spirit* [Apagar el Espíritu], Creation House, pág. 19.
4. Efesios 3:10-11.
5. Vea 1 Corintios 1:30.
6. 2 Crónicas 9:4.
7. Vea Jeremías 33:9.
8. Efesios 5:27, (RVR 60).
9. Romanos 3:23.
10. Hageo 2:9.
11. Efesios 5:27.
12. Efesios 4:13.
13. Efesios 4:13.
14. Efesios 4:13. (LBLA)
15. Efesios 3:19.
16. Efesios 4:13. (LBLA)
17. Hechos 2:17-21.
18. Juan 14:12.
19. Mateo 6:10.
20. Efesios 3:20.
21. Vea Mateo 24:14.
22. 1 Corintios 14:40.
23. Una persona que cree que los milagros cesaron después de nacida la iglesia del siglo primero.
24. Nosotros entrenamos a todos los creyentes para que oren por los enfermos. No es sano para la iglesia que los enfermos reciban oración solo del pastor.
25. ¡Qué profundo es esto! Un niño quería hablar de Jesús, Aquel a quien apuntaba la señal, y nosotros estábamos tan fascinados con el milagro que no notamos lo que él estaba tratando de decir.
26. Apocalipsis 19:10.
27. Ella comprendió que el poder del testimonio es el espíritu de profecía. ¡La profecía tiene la capacidad de ser causa!
28. Isaías 9:7.
29. Apocalipsis 11:15.

Esperamos que este libro
haya sido de su agrado.
Para información o comentarios,
escríbanos a la dirección
que aparece debajo.
Muchas gracias

info@peniel.com
www.peniel.com